아내랑 설악공룡을 타고

아내랑 설악공룡을 타고

1판 1쇄 | 2006년 10월 2일

지 은 이 | 송동언
펴 낸 이 | 손형국
펴 낸 곳 | (주)에세이
출판등록 | 2004. 12. 1(제395-2004-00099호)

주 소 | 412-791 경기도 고양시 덕양구 화전동 200-1 한국항공대학교 중소벤처육성지원센터 409호
홈페이지 | www.essay.co.kr
전화번호 | (02)3159-9638~40
팩 스 | (02)3159-9637

ISBN 89-6023-064-2 03810

아내랑
설악공룡을 타고

송동언 에세이

ESSAY

펴내는 글

산의 유혹과 손짓

산은 필자에겐 종교이고 스승입니다. 그래서 가끔 솔 향을 맡으러 산문에 듭니다. 산허리를 도는 구름, 바람 그리고 한 떨기 야생초와 산새까지도 함께 친구가 되자고 늘 유혹합니다. 산정에 들 때 마다 늘 빈 마음을 갈구하지만 항상 그 속엔 게걸스런 탐욕과 집착으로 켜켜이 쌓여있음을 들여다봅니다.

어찌 인생에 해답이 있겠습니까? 지금까지 없었고, 앞으로도 바른 해답은 없을 것이라고 건방진 생각도 해봅니다. 그래도 산은 늘 손 짓 합니다. 치열했던 삶에서 이젠 놓일 때도 되었다고 산은 말합니다. 자연으로 돌아가고 싶다고 다 소망대로 돌아 갈 수 있겠습니까? 자신의 삶의 편린에 내공 쌓기가 여간 쉽지 않습니다.

격려와 관심을 갖고 도와주신 (주)에세이의 손형국 사장님과 편집진 여러분의 수고로 그동안 껄렁한 산 글들이 모여 한 권의 책으로 만들어졌습니다. 그러나 기쁜 마음보다는 부끄러운 마음이 가슴 한 편에 자리합니다. 모두가 제가 안고 가야 할 숙제라고 생각합니다. 이젠 산에서 까불지 않겠습니다. 그리고 산을 더욱 더 열심히 사랑하겠습니다.

임곡산방에서 송 동 언 드림

Ⅰ. 가을 타는 남자

Ⅱ. 동박새의 천국

Ⅲ. 그녀의 유혹, 12선녀탕

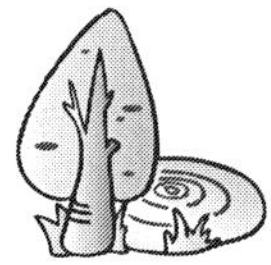

Ⅳ. 장회나루에 추억을 묻고

I 가을 타는 남자

1. 눈물 훔치는 산성을 다녀와서

-남한산-

아름드리 적송 군락지가 솔 향을 내 품는다. 간혹 실려 온 바람을 타고 송진 냄새가 코끝을 간질인다. 남한산성 성곽을 산책하며 350여 년 전의 인조 임금 얼굴을 떠올린다. 청(淸) 태종이 10만 대군으로 침입하자 남한산성(南漢山城)에서 항전하다가 패하여 청군(淸軍)에 항복, 군신(君臣)의 의를 맺고 소현세자(昭顯世子)와 봉림대군(鳳林大君)이 볼모로 잡혀가는 치욕을 당한 병자호란 당시 임금은 이 산성을 나처럼 조용히 산책했을까?

산성 둘레가 13km 정도로 성곽 군데군데가 비바람에 무너져 내린 채 후손들의 발길을 맞고 있다. 최근엔 수어장대도 보수를 끝내고 산뜻하다. 맑은 쪽빛 하늘은 가을임을 자랑하는데 해는

뉘엿뉘엿 저물어가며 서쪽 하늘에서 산성 곳곳에 밝은 은빛 광선을 선사하고 있다. 저녁 햇살이 아직은 따사하다.

남한산은 옛날부터 해가 가장 많이, 길게 뜨는 산이라고 하여 일장산(日長山), 주장산(晝長山)이라고 불러왔다. 산성에서 바라보면 사방이 확 트여서 해가 하루 종일 비친다. 서문 근처 성곽에서 바라본 인수봉은 백운대와 만경봉과 어깨동무를 하며 함께 우뚝 솟아있다. 아차산이 가깝게 보이고 그 앞을 한강물이 강북과 강남을 표시하며 상류와 하류가 어딘가도 모르게 운주사 와불처럼 길게 누워있다.

남한산

서울 시내 반쪽이 한눈에 바라보인다. 빌딩과 아파트 숲들이 서로 도토리 키재기를 한다. 눈을 들어 우측으로 바라보니 이제야 시야가 트인다. 초록과 푸른색의 자그마한 도시, 하남은 중

심축에 아파트 숲이 덩그렇게 모여 있을 뿐, 사방이 푸르다. 하남시는 도시의 98%가 녹지라서인지 서울 근교 가운데 가장 아담한 위성도시다.

전망대에서 눈을 돌려 산성을 바라보니 며칠 전까지 산 능선마다 발갛게 불타던 단풍이 춘하추동 사시변환의 자연법칙을 따라 가을옷을 막 벗고 있다. 산 그르매가 작은 능선마다 덮쳐가고 계곡은 물론 능선 일부까지 어둠이 몰려 있다. 산성 전망대에 서니 바람이 세차다. 모자가 벗겨질 정도로 바람이 인다.

배낭에서 보온병을 꺼내 녹차 향을 맡다가 문득 해남 대둔사(대흥사) 일지암의 초의선사를 생각한다. 초의선사가 정성들여 끓인 작설차(雀舌茶)가 이 맛이었을까. 물론 녹차는 백자에 따라 색(色)에 취하고 향(香)에 취하고 맛에 취해야 제 맛이지만, 산 속 조용한 나무 그늘에서 마시는 차 맛도 꽤 즐길만하다.

석양을 바라보다 하산 길을 서두른다. 조용한 숲 속 샛길에 들어서니 나무들과 나 그리고 바람 소리 뿐이다. 이따금 한 줄기 석양빛이 나무 가지사이로 숨을 토할 뿐, 새소리마저 바람소리에 묻히고 만다. 숲 속 길에선 보는 것엔 무심할 뿐 귀만 열어놓았다. 하늘과 땅의 기운이 내 몸 속 깊숙이 파고들어 우주와 소우주(나)가 하나가 된 기분이다. 낙엽 밟는 소리도, 내 걸음 소리도, 새소리도, 바람소리에 함몰되어 저 우주 속으로 실려간다.

서서히 어둠이 계곡을 차지하자 나는 이제야 발걸음을 재촉하며 작은 능선 여러 개를 파도 타듯 넘는다. 멀리 성불사에서 저녁 예불을 알리는 종소리가 “떠엉 엉 어 어…” 여운을 남기며 귓전을 맴돌다 이내 사라진다. 결코 뺏기고 싶지 않은 나만의 조용한 시간이었다.

2. 온달장군은 어디서 죽었을까?

-아차산 · 용마산-

토요일 새벽은 적막하다. 아내는 어제 직장에서 용평으로 워크숍 가고 없어 집안이 더 고요하다. 멀리 충청도 칠갑산으로 훌쩍 떠날까 하다가 마음을 접었다. 집에서 제일 가까운 아차산-용마산 연계 산행을 계획하며 홀로 배낭을 꾸린다. 서울 광진구와 경기도 구리시에 걸쳐 있는 산, 아차산(287m)은 남쪽을 향해 불뚝 솟아오른 산이라 하여 남행산이라고도 한다. 현재 아차산의 한자 표기는 '阿嵯山', '峨嵯山', '阿且山' 등으로 혼용되는데, 옛 기록을 보면 《삼국사기》에는 '아차(阿且)'와 '아단(阿旦)' 2가지가 나타나며, 조선시대에 쓰인 고려역사책인 《고려사》에는 '아차(峨嵯)'가 처음으로 나타난다. 들머리 석에는

'峨嵯山' 으로 표기되어 있다.

올림픽공원역에서 지하철을 탄다. 배낭 속에서 법정스님의 〈무소유〉 문고판을 빼들자마자 다섯 역을 지나 아차산역에 내린다. 이른 새벽이라 그런지 아차산역에 내리는 배낭 맨 산님들은 두 서넛 밖에 눈에 띄질 않는다. 10여분 걸어 영화사입구에 다다른다. 동의초등학교 담장 길이 끝나자 바로 아차산 생태공원 들머리로 들어선다. 공원에 들어서자 새벽 운동 나온 시민들과 약수터에 물 뜨러온 주민들이 눈에 띈다.

공원 내에는 야생초 밭과 쉼터가 여기저기 잘 조성이 되어 있다. 요술거울이 발걸음을 멈추게 한다. 오목거울, 볼록거울과 평면거울을 병풍처럼 둘러 세워 여러 가지 모습을 연출시킨다. 아차산 휴게소를 지나 단장한 산책로를 버리고 팔각정 암반 길로 오른다. 금년 봄에 왔을 때 이 암반 길에서 산악자전거를 타고 내려오는 일행을 만난 적이 있었다. 위험스러운데도 브레이크를 적절하게 잡으며 잘 내려온 것으로 기억한다. 팔각정을 지나 해맞이동산 쪽으로 길을 잡는다. 능선 길은 완전히 트레킹코스다. 눈을 왼편으로 돌리면 남산타워를 비롯하여 청계산, 관악산 그리고 북한산이 한눈에 조망된다. 서울 시가지가 둘러쳐진 산속에 옹기종기 들어 앉아있다.

오른쪽으로 고개를 돌리면 팔당댐에서 흘러 온 물이 한강 물이 되어 구리시와 서울시를 가르고 있다. 멀리 용문산이 보이고 가까이엔 예봉산과 검단산이 한강을 사이에 두고 나란히 수문장처럼 버티고 서있다. 한참을 바라보고 있으니 갑자기 말발굽

소리가 들린다. 환청인가. 온달 장군이 신라와 아차산성에서 싸우다가 신라군 화살에 맞아 전사했다는 전설 때문인가. (이이화님의 〈한국사이야기〉참조)

온달 장군이 죽었다는 곳은 아직도 학계에선 논란이 일고 있다. 〈삼국사기〉 온달열전에는 온달의 최후를 다음과 같이 기록하고 있다. 여기에서 아단성은 아차산성이 아니고 단양의 온달산성이라는 설도 있다. (신채호님의 〈조선상고사〉참조)

阿旦城之下 爲流矢所中 路而死 阿旦城

(아단성 아래에서 날아오는 화살에 맞아 길에서 죽었다.)

지난 역사에서 깨어났다. 다시 발길을 옮긴다. 한 참을 가다 보니 또 생각은 지난 역사 속으로 빠져든다. 서기 286년 백제

아차산

의 책계왕이 고구려 서천왕과 영토 싸움을 벌인다. 삼국시대 당시 한강 유역은 전략적 요충지였다. 아차성 줄기에 고구려의 침구를 막기 위하여 한강 북쪽에 방위성을 쌓는다. 이 성이 바로 아차성이다. 나는 지금 이 길을 걸으며 당시의 전쟁을 머릿속에 그리고 있다. 전쟁은 엄청난 대가가 따른다. 영토 확장이나 식량 확보 또는 문화적 욕구의 명분이나 실리가 전쟁의 정치적 동기나 목적일 것이다. 이라크전쟁처럼 오직 이기는 데만 집착하다 보면 사회적 룰이나 인간성도 말살되고 후세에 큰 재앙으로 돌아 올 것이다. 생각이 꼬리를 무는데 발길은 어느덧 아차산 4보루에 닿는다. 이곳은 1500여 년 전에 고구려 군이 주둔했던 전략적 요충지로서 1997년부터 1998년 까지 구리시 문화원과 서울대학교 조사단에 의하여 발굴 조사되었다는 팻말이 서 있다.

건너편에 용마산이 어서 건너오라고 한다. 처음으로 용마산 오르는 길이 오르막길이다. 헬기장에 도착하니 구리 방면에서 산객들이 간헐적으로 올라온다. 또 산악자전거를 어떻게 끌고 왔는지 두 명이 땀을 닦다 이내 타고 내려간다. 용마산 삼각점에 구조물이 서있다. 중곡동 쪽에서 노인 산객 몇 분이 올라온다. 삼각산, 수락산이 손에 잡힐 듯하다. 여기까지 대충 산길로 편도 3km 정도 될 듯하다.

중곡동으로 하산하려다 마음을 바꿔 원점 회귀를 한다. 왔던 길을 역순으로 가며 다시 서울 시내를 돌아보고 또 첩첩이 싸인 가깝고도 먼 산들을 바라보며 무학대사의 한성 도읍을 생각하며 산길을 걷는다. 돌아가는 산길엔 갑자기 산객으로 만원이다. 특히 나이가 지긋하신 산객님들이 많다. 산이 높지 않고 아차산–용마산 연계산행을 해도 서너 시간이면 족하기 때문이리라. 나이와 건강과 산을 생각하며 산책하듯 내려오는데 스쳐 지나가는 세월이 화살처럼 빠르다는 생각이 갑자기 들었다.

3. 운길산 수종사 전설의 진위

-운길산-

제5호 태풍 “라마순”이 한반도를 횡단하며 어제까지 많은 비를 뿌렸다 오래 전부터 북한강 도로를 따라 오가면서 보아온 운길산 7부 능선에 보석처럼 박혀 있는 절, 수종사를 가 보기로 하고 아내와 함께 집을 나섰다. 운길산은 남양주군 조안면 송촌리에 위치한 610m의 산으로 양수리에서 서북쪽으로 4 Km 지점에 위치해 있다. 도로에서 마을 소 도로로 접어드니 공터가 있어 주차를 한다. 마을 오솔길을 200여 미터 걸으니 수종사 2 Km 라는 행선지 팻말이 보인다. 가파른 산길이 자동차 한 대가 다닐 수 있을 정도의 시멘트 포장도로가 꼬불꼬불 산길을 계속 유도한다.

아직 이른 시각이라 그런지 인적이 뜸하다. 산길을 따라 숨을 헐떡이며 오르니, 검단산의 조용한 소로가 그립다. 군데군데 산딸기가 빨갛게 익어 아내의 손길이 분주하게 움직이고, 입은 심심하지 않다. 산길을 오르는 도중 자가용 몇 대가 경사 40-50도 정도 되는 산길을 굉음과 함께 매연을 뿜어댄다. 아마 노인 부모님을 태운 수종사 신도들이겠지 생각하며 슬쩍 곁눈질한다. 웬걸, 나보다 한참 젊은 남녀들이 아닌가. 나는 은근히 화가 치밀어오르는 것을 겨우 참는다. 아직도 내가 수양이 부족하구나 하고 마음을 돌린다.

수종사에는 지방 문화재 제22호인 팔각 5층 석탑과 530년 수령의 은행나무 한 그루가 우리를 반긴다. 절 안내문을 읽어보니 수종사는 대한 불교 조계종 제25교구 본사인 봉선사의 말사로서 1458년(세조 4년)에 창건된 절이라고 안내한다.

운길산 수종사

전설에 의하면 세조가 문무백관을 거느리고 금강산 유람을 마치고 오다가 이수두(양수리)에서 하루 밤을 묵게 됐다. 세조가 깊은 밤중에 종소리에 잠을 깨어 어디서 나는 종소리인지 알아보라는 명을 내렸다. 아침이 되어 종소리가 나는 곳을 알아보니, 운길산 바위굴 속에 18 나한이 모셔져 있는데 굴속에서 떨어지는 물소리가 마치 종소리처럼 울려 나왔다. 그래서 이곳에 절을 짓고, 이름을 수종사라고 지었다는 유래가 적혀 있다.

그런데 다산 정약용 선생의 산문집을 읽다가 정조 7년(1783년) 진사 급제 기념차 청년 시절에 마현리 집에서 가까운 수종사에 놀러 갔다가 쓴 '유수종사기(遊水鐘寺記)'에서 다음의 문장을 보았다.

...水鐘寺 新羅古寺 寺有泉從石寶出 落地作鐘聲 故曰水鐘云...
(수종사는 신라 때 창건된 오래된 절인데 절에는 돌 틈으로 흘러나오는 샘이 있어 땅에 떨어질 때 종소리를 내므로 수종사라 한다)

그렇다면 절 안내문의 내용은 수정되어야 할 것 같다. 아마 이 절은 신라 때 창건되고, 세조 때 중건되지 않았나 하는 생각을 해본다.

눈을 들어 북한강과 남한강이 합수되는 두물머리(양수리)가 한 눈에 바라보이는 뛰어난 경관을 감상하다가 이름이 두물머리 보다 합수머리가 더 나은 이름 같다고 아내에게 동의를 구했다. 아내 왈, 두물머리는 순수한 우리말이라 더 정겹다는 대답이 돌아왔다. 그 말을 듣고 보니 그럴듯하다.

절경을 뒤로하고 약수 한 모금으로 목을 축이니 목줄기까지 시원하다. 절 입구에 소로 따라 20-30분 등산로를 오르니 운길산 정상에 이른다. 정상의 조망은 북한강 물줄기가 조금 보일 뿐, 검단산 조망보다는 어림없다. 수종사를 뒤로하고 산을 내려오는 길에 자주 자동차 행렬을 만난다. 산길에서 만나는 자동차 탑승객들이 왜 이렇게도 내 마음을 산란하게 만드는지 검단산처럼 자주 오를 산은 아니라고 독백처럼 내뱉으며 산을 내려온다.

4. 반야봉 신선을 꿈꾸며

-지리산-

오랜만에 아내의 토요휴무와 맞물려 황금 주말을 만들었다. 며칠 전부터 아내는 파도가 들숨 날숨을 쉬는 바다가 보고 싶다고 했다. 감칠맛 나는 싱싱한 회가 먹고 싶었겠지. 그런데 갑자기 정읍에 사는 고종 사촌형의 큰아들 결혼 청첩장이 날아들었다. 그래서 우리의 여행 행선지가 바닷가에서 남도 여행으로 바뀌었다.

결혼식이 오후 1시여서 예식에 참석하기 전 내 고향 땅을 방문하고 싶었다. 새벽에 고속도로를 달려 금산사 미륵불(미래불)을 친견했다. 비로자나불을 주불로 모신 대적광전도 둘러보았다. '대적광전'(大寂光殿) 현판은 이젠 작고 하셨지만 고창출신

서예가 석전(石田) 황욱(黃旭) 선생이 93세 때 쓰신 글씨로 용트림하며 하늘로 힘을 뻗쳐오르고 있었다.

오랜만에 들린 고향 땅은 산천은 의구하되 인걸은 간데없다더니 아는 사람이 별로 없다. 내가 어릴 적에 살았던 집터를 아내에게 가르쳐주며 옛날을 회상하니 감개가 무량하다. 어릴 적 가재잡고 뛰놀던 넓은 시냇가는 왜 이다지도 좁아졌는지. 이웃집 종술이와 상곤이랑 미역 감고 물장구치던 그 용소 같던 그 자리는 아파트 욕조 넓이 두 배로 작아져버렸다. 세월이 냇가의 크기까지 줄였나보다. 그래도 모악산은 예나 지금이나 저만치 홀로 높이 솟아 있었다.

다음날 지리산 등반 계획이 있어 아내와 나는 깜깜한 시골길을 달려 화엄사 절 밑까지 왔다. 그런데 숙박이 문제였다. 한화콘도와 호텔을 들려도 방이 없다. 스위스 호텔엔 일반 객실은 없고 스위트룸만 하나 남았단다. 30만원인데 할인해서 18만원을 호가 한다. 아내는 눈을 동그랗게 뜨고 싫다고 한다. 일박에 18만원이면 우리 같은 서민에겐 너무 사치스럽다. 차를 돌려 동구 밖에서 빈 방을 찾았다. 모텔 한 곳이 깨끗해 보이기에 들렸더니 일박에 4만원이란다. 최근에 지은 모텔이라 방도 침구도 호텔처럼 깨끗하다. 보일러 시설이 잘 되어서인지 방이 몹시 후끈하다. 아내가 아주 좋아한다.

꼭두새벽에 잠이 깨어 아내가 깨기만 기다렸으나 도무지 깰 생각을 하지 않는다. 아마 어젯밤 찐한 사랑 때문인지 곤히 자는 모습이 깨우기가 애처롭다. 새벽 일찍 성삼재에 주차하고 노고단을 거쳐 지리산 반야봉까지 산행계획을 세웠다. 그러나 아내에겐 반야봉까진 무리일 듯하다. 새벽 6시 이른 시각이라 그런지 성삼재엔 컵라면 하나 파는 곳도 없다. 삼삼오오 무리지어 산을 오른다. 한참을 오르니 호롱불 모양의 돌탑 노고단이 가까이는 반야봉을 그리고 멀리는 아련하게 천왕봉을 올려다보고 있다. 반야봉을 바라보니 노루목, 임걸령이 능선을 이루며 샛길을 내주고 있다. 임걸령 능선 길에 산죽이 떡갈나무, 서어나무, 참나무 사이에 잔디처럼 펼쳐져 바람결에 '사그락' 소리로 합창을 해댄다. 구상나무 군락도 눈에 띈다.

임걸령 샘터에서 약수 한 잔으로 허기진 배를 채우고 다시 비탈길을 오른다. 노고단 산장에서 잔 젊은이들 몇이 앞서거니, 뒤서거니 하며 샛길을 걷는다. 젊은 연인끼리 오는 산행은 우리의 젊은 날을 회상케 한다. "우리에게도 등에 풀물 들이며 즐기던 젊은 날이 있었지." 하며 아내를 바라보니, 빙그레 웃을 뿐 말이 없다. 반야봉(해발 1,734 m)은 지리산 주 능선과 뱀사골을 조망하기엔 아주 좋은 위치에 떡 버티고 서 있었다. 성삼재에서 반야봉 까진 편도 8.2km라고 기록되어 있다. 왕복 16.4 km인 셈이다.

아침, 점심도 굶은 채 배낭 속에 단감 두 개로 허기를 채우며 산길을 걸었다. 겹겹이 둘러쳐진 산, 산, 산… 장대한 그 모습에 그만 넋을 잃을 정도라면 과장일까. 뒤따라 오던 아내는 갑자기 '조정래'의 〈태백산맥〉 얘길 꺼낸다. 빨치산들의 겨울나기와 지리산 토벌작전에 관한 얘기들을 산길을 걸으며 나에게 들려준다. 산이 깊어 숨기도 좋고 토벌하기도 어려웠으리라. 피아골 전투 모습이 상상된다.

여름 홑바지를 입고 겨울 산악 길을 다람쥐처럼 뛰고 굶주렸을 그들의 모습들이 계곡 저편에서 어른거린다. 빨치산들의 사상까지도 어머니 품속처럼 그렇게 포용했던 산, 바로 그 산을 나는 온 몸으로 호흡하고 있다. 반세기 전의 일이었음에도 먼 옛날 호랑이 담배 피우던 시절같이 느껴진다.

지리산은 백두산, 금강산, 묘향산과 더불어 4대 명산으로 친다. 지리산은 3대 주봉인 천왕봉, 반야봉과 노고단 그리고 뱀사골, 피아골 등 10여개의 긴 계곡을 갖고 있다. 경남 함양, 하동, 산청과 전남 구례, 전북 남원 등 5개 군을 품에 안은 광활한 지리산은 그 경관이 빼어나다. 반야봉 정상에서 내려다본 지리산 능선들은 참으로 아름답고 광대하다. 아내와 나는 행복한 표정을 지으며 마주 바라본다. 지리산 같은 포근함과 인자함 그리고 어머니 같은 온화함을 닮고 싶다.

이탈리아 등산가 라인홀트 매스너는 지구상의 8,000 m 이상의 14개 희말라야 봉우리를 모두 등정하고, 1978년엔 산소마스크 없이 알파인 스타일로 에베레스트를 등반했다. 그는 말한다. "행복이란 하고 싶은 것을 할 수 있고 가고 싶은 곳에 갈 수 있고, 열정적으로 일에 몰두 할 때 이루어진다"고. 나는 힘이 닿는데 까지 산을 벗 삼을 것이다. 무심으로 오르는 산은 나에게 묵언 할 것을 암시한다.

오후 2시에 성삼재로 돌아와 정령치를 돌아 남원을 경유 정읍에 도착했다. 우리 부부가 왔다고 최 원장 부부가 오수에서 약국을 하는 이약사에게 연락하여 함께 모여 고창 명물 풍천 장어와 밤에 요강을 뒤집는다는 복분자 술로 피로를 씻었다. 최 원장 집에서 백련차 대접을 받고 숙식까지 제공받으니 마음까지 편안하다. 백련 꽃봉오리에 24시간 숙성시켰다는 백련차의 향은 잠자리까지 그윽한 향을 뿌린다.

다음 날 아침 일찍 우리 부부는 최 원장 부부와 고창 선운사 도솔암에 올라 마애불을 친견하고, 격포 해변으로 차를 몰아 어시장에서 전어회와 우럭회를 시켜 소주를 곁들이니 이태백이 부럽지 않구나. 오는 길에 변산 온천에 들러 몸을 온천물에 담그니 강행군한 여행의 피로가 사르르 눈 녹듯 녹아난다.

졸리는 눈을 비벼대며 밤 10시에 귀경길에 올랐다. 아내와 핸들을 교대하며 달리다 보니 새벽 1시에 서울 톨게이트가 보인다. 2박 3일의 여행길이 열흘 정도의 시간 흐름으로 착각이 든다. 반야봉을 꿈꾸며 신선이 됐던 몇 시간의 산행길이 나를 행복의 문으로 인도하였구나. 후일 다시 한번 지리산 종주를 기약하며 꿈나라로 들었다.

5. 토요일의 신선놀음

-검단산 · 용마산-

안창모루에서 시작한 산길엔 어제 내린 눈 때문인지 땅이 촉촉하게 젖어있다. 들머리를 막 지나니 겨울 차비를 서두르는 나목 군상들이 초라하게 서 있다. 가을이 여인처럼 떠나버렸나! 어슴푸레하게 열린 나목 사이로 산새들이 아침잠에서 늦게 깼는지 조잘대고 있다. 저쪽 나뭇가지에선 청설모 두 마리가 벌써 사랑싸움을 하는지 쫓고 쫓기고 있다.

흐르는 강물이 마치 세월처럼 기약도 없이 먼 바다로 떠내려간다. 나는 지금 여느 때처럼 또 토요일을 맞이하여 검단산을 오르고 있다. 검단산, 용마산 연계산행을 계획하며 발걸음을 옮긴다. 검단산 5부 능선 바위 쉼터에 잠깐 앉아 숨을 고른다. 팔당댐 수문을 거쳐 팔당대교를 막 지나는 강물을 내려다본다. 강물은 여느 때와 마찬가지로 예봉산과 검단산 사이에 길게 누워 도도하게 흐르고 있다. 눈을 들어 허공을 바라본다. 산새 몇 마리가 역 바람을 타고 힘겹게 날갯짓을 해댄다.

검단산

작년 일 년 하남에 살며 자신과의 약속, 1년 안에 검단산 100회 산행약속을 지켜낸 것을 흐뭇하게 생각한다. 자신과의 약속을 확실하게 지켜낸 것이다. 아내와 같이 또 직장 동료와 같이, 때로는 혼자 더 많이 이 산길을 오르며 나는 무념무상으로 또는 '나는 누구인가?' 라는 화두를 들고 올랐다. 오늘 같이 토요일엔 다른 특별한 약속이 없는 날엔 어김없이 산을 찾는다. 비 오는 날, 눈 내리던 날, 안개가 산허리를 감싸던 날, 청명한 하늘이 눈이 시리도록 맑았던 날의 검단산을 나는 모조리 기억하고 있다.

오늘은 산객들이 뜸하다. 주 등산로를 제외하고 샛길을 모조리 막아놓고 입산통제 팻말을 군데군데 붙여 놓았다. 서울 근교 산들은 주말엔 산객들로 붐빈다. 검단산 정상까지 오르는 길에 10여 명의 산객만 만난 오늘 같은 산행 길은 드물다. 8부 능선부터 어제 내린 눈이 낙엽 위에 쌓여 있다. 잠시 아이젠을 가지고 오지 않은 것을 걱정해 본다. 그러나 영상의 날씨 탓에 하산길엔 녹을 것이라고 위안을 한다. 정상에서 땀을 식히니 상쾌한 기분이 든다. 고개를 반대로 돌려 서울 하늘을 쳐다보았다. 북한산 산자락을 중심으로 검은 구름 띠가 무지개처럼 아롱져 있다. 참으로 혼자 보기에는 너무 아까운 광경이다. 정상엔 10여 명의 산님들이 휴식 중이다.

어렴풋이 작은 산이 큰 산을 가리었다. 가깝고 먼 것이 그 까닭이리라. 올망졸망 병풍처럼 빙 둘러싸인 높고 낮은 저 산들의 모습들은 마치 한 폭의 동양화다. 겸재 정선이 검단산을 올라 보았다면 운무에 싸인 두물머리를 배경으로 진경산수화 한 점은 남겼을 것이다.

눈을 들어 용마산을 바라본다. 운무에 싸인 탓에 산이 더 정겹게 다가온다. 용마산을 향하여 조용한 발걸음을 내딛는다. 지난 늦봄 철쭉꽃이 낙화하여 융단을 깔아 놓았던 그 조용한 길이 이젠 낙엽으로 이부자리를 깔아 놓았다.

고추봉에서 잠시 땀을 식히는데 산곡동을 들머리로 시작한 부부 산님을 처음으로 만났다. 한적한 오솔길을 무심으로 걷는다. 까마귀 한 쌍이 소리치는 바람에 잠시 고요에서 깨어났다. 검은색이 까마귀 옷 색깔보다 더 검지는 않을 것이다. 까마귀를 떠나보내고 다시 고요 속에 묻힌다.

용마산 정상에서 잠시 다리를 쉰다. 은고개에서 올라온다는 7명의 젊은 직장인 산악회 회원들과 만난다. 산에서 그것도 인적이 뜸한 곳에서의 만남은 왜 그리 반가운지. 차를 나눠 주니 오가피주를 석 잔이나 돌려준다. 즐거운 산행하라는 인사들이 교환되고 또 고요 속으로 들어간다. 작은 봉우리들을 오르락내리락하기를 몇 번하니 오가피주 탓인지 다리가 풀린다. 날머리가 보인다. 광지원 초등학교 옆길을 돌아 해초나라(음식점)에 들러 동동주 한잔을 하니 시장기와 네 시간 반의 산행 길 피로가 가신다.

나는 토요일을 요일 중 제일 좋아한다. 내가 좋아하는 몇 가지의 일을 아무 부담없이 할 수 있기 때문이다. 첫째는 별난 약속이 없으면 어김없이 산을 찾는 날이기 때문이다. 또 하산 후 송골송골 밴 땀을 따뜻한 온천욕으로 씻거나 대중탕의 온탕과 냉탕에 씻는다. 그리곤 도서관에 들러 일주일 동안 읽을 책들을 고르는 재미를 빠트릴 수 없다. 노자의 철학도 좋고, 다산의 산문집도 좋다. 요즘 젊은 새내기들의 청춘 연애소설도 재밌다. 이해인 수녀의 글모음도 청순하고, 법정 스님의 글 또한 색즉시공 공즉시색을 느끼게 한다. 이경교님의 글 또한 맛깔스런 뚝배기 맛이랄까, 아니 차라리 관찰력과 은유법의 비교 표현이 돋보인다.

토요일 점심엔 아내와 맛있는 잔치국수에 이동 막걸리 한 사발은 나에겐 차라리 보약이다. 그리고 나른한 몸을 등나무 의자에 기대 잠깐 눈을 감으면, '아~', 나는 오늘 하루 신선놀음을 한 셈이다. 토요일은 이래서 즐겁고, 나는 길 아닌 길을 오늘도 걷는 게 즐겁기만 하다.

6. 청산은 나를 보고 말없이 살라하고
-검단산-

과연 어떻게 사는 것이 잘 사는 삶일까? 번뇌 망상이 머릿속에 똬리를 틀고 좀처럼 떠나질 않는다. 첩첩이 둘러쳐진 가깝고도 먼 산봉우리 위에 두둥실 떠가는 한 조각구름아! 너는 누구며, 어디서 흘러와서 어디로 가느뇨? 나 역시 누구며, 또한 세월에 떠밀려 어디로 가고 있는 걸까? 산(山)은 알고 있을까? 늘 허탕 치면서 오늘도 해답을 구하러 정처없이 배낭을 꾸려 산문에 들어선다.

발걸음이 나도 모르게 검단산 안창모루 앞으로 인도했구나. 유길준 묘소를 지나 바위 능선을 탄다. 검단산 산행 길 중에서 한강을 조망하며 오르는 이 길은 언제 올라도 풍광이 좋은 코스다. 매서운 바람이 목덜미를 스쳐가지만, 된비알을 오르며 내쉬는 숨은 회색 번민을 토해낸다. 그리고 얼굴엔 구슬땀이 흐른다.

번뇌 망상이 어디로 숨어 버렸나. 산객이 되어 그저 묵묵히 오를 뿐이다. 검단산 정상에서 다산 정약용 선생의 생가를 내려다본다. 그리곤 다산 선생의 강진 유배시절 18년을 회상한다. 유배지에서 두 아들에게 편지로 간곡하게 이른 말은 독서 많이 하라는 말씀 한마디였다.

다시 안개에 가린 용마산을 바라본다. 고추봉을 지나 능선 오솔길을 오르락내리락하기를 몇 번하니 어느 사이에 용마산 정상에 섰다. 강 건너 분원 마을이 동화 속 마을처럼 옹기종기 앉아 있다. 마을 뒷산 금봉산 산자락엔 실구름이 뱀처럼 걸쳐있다. 그러다가 이내 이무기 되어 하늘로 비상한다.

갑자기 천상병님의 〈귀천〉(歸天)이란 시가 생각난다. 님은 아침 이슬, 저녁노을과 산기슭에서 놀다가 구름 따라 귀천하신 게 아닌지.

나 하늘로 돌아가리라. 새벽 빛 닿으면 스러지는 이슬 더불어 손에 손을 잡고 / 나 하늘로 돌아가리라. 노을빛 함께 둘이서 기슭에서 놀다가 구름 손짓하면은 / 나 하늘로 돌아가리라. 아름다운 이 세상 소풍 끝내는 날 가서, 아름다웠다고 말하리라…"

세월이 참 빠르다. 어느 사이 동지를 지나 세모가 다가온다.

2005년도 아름다운 소풍을 끝내고 귀천하는 중이다. 세월이 유수 같다더니 세단이 미끄러지듯 잘도 흐른다. 며칠 전 아파트 통 유리창 밖 대모산 봉우리에 아내 눈썹처럼 생긴 초승달이 대롱대롱 매달려 있었는데, 벌써 보름달로 커 버렸다. 조금 지나면 다시 하현달로 스러져가겠지.

개미 쳇바퀴 도는 출퇴근을 떠나보낸 지 1년이 훌쩍 지났다. 주변을 정리하고 나니 이렇게 마음이 홀가분하다. 책 속으로 헤집고 다니는 여행이 나를 구름 속으로 떠밀어낸다. 그리고 산(山)이 세속을 떠나 멀리멀리 구름 따라 바람처럼 다녀가라고 손짓을 해댄다. 나도 시인처럼 아름다운 소풍을 찾아 지금 귀천을 준비 중이다.

안빈낙도(安貧樂道) 생활을 염원하며

과거의 아픔과 미래의 꿈보다는 현재의 안빈낙도 하는 삶이 천국과 극락의 삶이라는 것을 이제야 알 것 같다. 마음의 평화로움이 육신을 결코 나태하게 만들지는 않는다. 우리 사회가 더불어 사는 사회라고 말하지만, 이제까지 남에게 잘 보이려는 삶을 살아 온 것을 후회한다. 이것은 분명 나 자신을 위한 삶이 아니었다.

체면치레 때문에 허비한 시간이 아깝다. "우리네 인생은 사사로운 일상으로 낭비하고 있다"는 '헨리 데이빗 소로우'의 말이 실감난다. 이젠 체면치레 걷어치우고 진정으로 내 마음을 살피면서 내 삶을 풍요롭게 살고 싶다. 좌회전 깜빡이를 넣고 서해안도 돌아보고, 우회전 신호 넣고 강원도 오지여행도 하고, U-턴하여 남도여행도 가끔 하며 내 자신을 찾고 싶다.

긍정적 사고와 행동으로

인생을 살아가면서 좋은 일도 체험하기도 하고, 나쁘고 슬픈 일도 겪는다. 어떤 한 가지 사안을 두고도 긍정적인 면으로 볼 수도 있고, 부정적으로 느낄 수도 있다. 나이 40이 되었을 때 인생의 절반이 지났다고 생각할 수도 있고, 앞으로 살아갈 날이 인생의 아직 반이나 남았다고 여유롭게 자위할 수도 있다.

에버랜드 장미정원에 들어섰을 때 가시에 찔릴까 봐 멈칫거리며 뒷걸음칠 수도 있고, 꽃의 아름다움과 향기에 마음을 흠뻑 빼앗길 수도 있지 않은가! 지금까지 나는 어느 쪽으로 생각하였는가? 앞으론 긍정적 사고와 행동을 습관화해야겠다.

작은 선행이라도 실천하며 살아야

세상을 사랑과 관심을 가지고 바라보면 나무 한 그루, 풀 한 포기도 아름답다. 그리고 소박하고 단순한 것이 더 아름답다. 작은 실천이 백 마디 말보다 낫다. 비싼 돈을 들여 꼭 포장해서 주는 선물만이 선물이 아니다. 길가다 버려진 휴지 조각 하나 줍는 것도 선행이고, 무거운 가방이나 짐을 들고 가는 노약자의 짐을 들어주는 것도 하나의 작은 선행이 될 것이다.

집착과 욕망을 버려야

전반생을 살아오면서 집착과 욕망을 가장 크게 갖고 살아 온 것 같다. 지천명의 나이가 되어서야 집착과 욕망을 버려야 작은 것으로부터도 만족을 얻을 수 있음을 깨닫는다. 또한, 그 구속으로부터도 자유스러워질 수 있음을 알았다.

세상에 존재하는 물건들은 처음부터 주인이 따로 정해져 있지 않다. 처음부터 영원한 내 것이 어디 있던가! 내 집, 내 아내, 내 자식들이 내 소유물인가? 잠시 인연이 닿아 내 곁에 함께하다가 어느 날 어떤 이유로 나와 모두 이별하지 않던가. 각자에게 잠시 맡겨 있을 뿐, 영원한 내 것은 없다. 다만 위탁된 권리나 재물을 잘 관리하면 위탁기간이 조금 길어질 뿐이다. 그럼에도 불구하고 사람들은 눈에 쌍심지를 켜고 보다 많은 재물과, 권력을 원하며 스트레스와 싸운다. 이제부턴 집착과 욕망을 버리자. 아니 버리는 연습이라도 하자.

말을 적게 해야

가정과 직장생활을 하며 업무상 또는 업무 외의 많은 말을 하며 살았음을 후회한다. "말이 많으면 쓸 말이 적다"는 우리 격언처럼 말을 많이 하다 보면 사람들에게 도움을 주기보다는 상처를 주는 경우가 많다. 생텍쥐베리도 〈어린 왕자〉에서 "말은 오해를 낳으므로 주의해야한다"고 말하고 있다. 역시 법정스님도 그의 수필집 여러 곳에서 이 말을 반복하고 있다. 가정, 직장에서 자기변명, 자기 합리화를 위해 많은 거짓말과 남의 허물을 들춘 일 그리고 분노의 말을 무의식적으로 했던 것을 반성한다.

구업(口業)은 한이 없는 것 같다. 유가 경전에도 구시화문(口是禍門)이라고, '입이 곧 화를 부르는 문' 이라고 경각심을 주는 경구가 있다. 원불교 교전에도 구시화복문(口是禍福門)이라고 설법하고 있다. 자신이 한 말에 속박을 당하고 싶은가? 말을 적게 할수록 속박에서 벗어나고, 침묵이 오히려 금이라는 격언이 이제야 실감이 나니 나는 지각 인생인가. 묵언 속에서 영적인 교감이 이루어짐을 이제야 느낀다.

고독을 즐길 줄 알아야

아리스토텔레스는 "인간은 사회적 동물이다"고 말했다지만, 그 말은 다분히 정치적인 수사라고 생각한다. 사람은 태어날 때부터 홀로였고 고독한 존재다. 따라서 우리네 사람은 고독을 즐길 줄 알아야 한다. 자기성찰은 고독으로부터 나온다.

우리는 자주 말초신경을 자극하는 즐거움을 즐긴다. 마약, 화투, 카지노 게임, 전자오락 등에 한번 빠지면 헤어나기가 쉽지 않음을 주위에서 자주 목격한다. 앞만 보고 달리는 기차처럼 우리 인생도 여간해서 뒤돌아보며 살기가 쉽지 않은 모양이다. 어느 날 문득 뒤돌아서 후회의 시간을 가질 때는 이미 늦은 시간이다.

한번쯤 혼자 산(山)길을 걸어보자. 그리고 고독하고 친해보자. 또 혼자 단 며칠만이라도 여행을 떠나보자. 여럿이 갈 때보다 더 많은 사물이 보이고, 느끼고, 자기 마음이 적나라하게 보이기도 한다. 여러 상념이 머릿속을 주마등처럼 흘러간다. 벌써 발길이 인동 장씨 묘지원을 지나 엄미리 날머리에 닿는다. 오늘 산행길이 '청산은 나를 보고 말없이 살라' 고 교훈을 주는구나.

7. 눈 덮인 내장산 까치봉

-내장산-

지난해 가을 반야봉 가는 길섶에서 산죽 흐느끼는 소리를 들어본 적이 있다. 세파에 부대끼며 시달린 나그네의 시름을 덜어주는 바람 이는 소리로 기억한다. 오늘 나는 눈 덮인 내장산 까치봉 산길에서 또 산죽 흐느끼는 소리를 듣는다.

호남의 금강이라던가. 조선 팔경의 하나로 손꼽히는 아름다운 산, 내장산은 하얀 누비이불을 머리에 이고 기암괴석과 말발굽 모양의 능선과 봉우리를 자랑하고 있다. 정읍시 남쪽에 자리잡은 내장산은 순창군과 경계를 짓고 위풍당당하게 서 있다.

새벽길을 달려온 피로가 정읍 최 원장 집에서 마신 백련차 한 잔에 녹아났다. 익산에서 합류하기로 한 양 선생 부부를 기다리니 무쏘를 타고 의기양양하게 나타난다. 청년 같은 아저씨 셋과 중년의 아주머니 셋이 오늘 산행 일행이다. 무쏘를 타고 가는 내장사 길은 눈길 때문인지, 한 명의 정원 오버 때문인지 슬슬 기어간다. 우리는 일주문에서 까치봉, 연지봉, 망해봉, 불출봉, 서래봉 코스로 능선 일주코스를 잡았다. 지난가을에 아내와 단풍 구경하겠다고 새벽길을 달려와 오른 그 서래봉의 기암괴석도 흰 눈으로 흠뻑 치장하고 있다.

해마다 호남지방은 눈이 많이 내린다. 그 중에도 정읍, 고창쪽은 유난히 눈이 많다. 내장산도 눈이 많이 내려 입산통제 방송이 나와서 은근히 걱정했는데 통제가 해제되어 이렇게 산길을 오르니 기분이 상쾌하다.

눈 발자국 오솔길을 따라 일자로 산길을 오른다. 처음엔 사이좋게 웃음꽃이 피는 우스갯소리가 앞사람과 제일 후미에 선 사람까지 들리더니 10여 분이 흐르니 앞과 뒤 일행 간격이 50 미터, 100 미터 간격으로 점점 벌어진다. 나는 중간에 서서 앞 일행 양 선생 부부와 뒤 일행 최 원장 부부를 조절하느라 신경이 쓰인다.

양 선생 부부는 자주 산행을 한 탓인지 다람쥐처럼 산을 잘 탄다. 반면 최 원장 부부는 산행보다는 댄스 스포츠를 한 5년 열심히 해 그쪽에 푹 빠져있다. 일 년 전, 대천 어느 춤 집 무대에서 그들 부부가 추는 춤사위를 넋 놓고 바라본 적이 있다. 그 후 아내는 우리도 같이 댄스 스포츠를 하자고 늘 나를 재촉했으나, 나는 끝까지 눈으로만 즐기겠다고 해 아내만 등록해서 열심히 다닌다. 요리하다가도 음악만 나오면 흔들어대는 엉덩이가 제법 리드미컬하다. 아마 학교 다닐 때 무용을 좀 해서 몸이 유연한가 보다.

앞 일행이 내 시야에서 사라졌다. 뒤 일행도 눈에 미끄러졌는지 산행을 포기했는지 보이질 않는다. 기다리다가 천천히 까치봉 8부 능선쯤 오르니 양 선생 부부가 기다리며 간식거리를 내놓는다. 최 원장 배낭을 양 선생이 메고 와서 주인 허락도 없이 꺼내 놓는다. 배, 고구마, 떡과 엿 등 종류도 많고 맛도 좋다. 맛있게 먹는데 잠시 후, 최 원장 부부가 숨을 헐떡이며 오른다. 아마 눈 덮인 산을 천천히 감상하며 오르느라고 늦었나 보다. 시장기를 좀 면하니 힘이 난다.

까치봉에 오르는 산길에는 굴참나무들이 눈을 머리에 이고 서있다. 기생나무들이 많이 기생해서 잎을 넘실대고 있다. 굴참나무에 기생한 기생 잎이 까치집처럼 보인다. 댓잎 소리도 들린다.

까치봉 정상에 오르니 양 선생 부인 정여사가 외간 남자 세 사람과 동그랗게 앉아 컵 라면을 맛있게 먹고 있다. 남편 양 선생은 그들 뒤편 저만치 서서 자기 아내와 나를 번갈아 쳐다보며 히죽히죽 웃고 있다. 뒤따라 올라온 아내도 눈을 동그랗게 뜨고 웃어댔다. 나는 넉살 좋은 정여사가 부러웠다. 뜨거운 라면 국물을 마셔보라고 국물을 더 얻어 우리한테 건네는 그녀의 모습에 우리는 한참을 웃어댔다. 그리고 밥값 한다고 산 정상에서 꾀꼬리 목소리로 불러대는 산타루치아 가곡에 사내들은 앙콜을

외치고, 그녀는 '목련꽃 그늘 아래서~ ~ ~' 앙콜곡을 또 한 자락하고, 우리는 그 모습에 또 웃어 재끼고...

까치봉에서 바라보는 내장의 봉우리들은 신선봉, 서래봉 할 것 없이 모두가 장관이다. 멀리 입암산과 백암산이 어깨동무를 하고 계곡에 보석처럼 박힌 원적암과 백련암이 흰 비단 누비이불을 덮고 빼꼬롬하게 올려다보고 있다.

신선봉(내장산의 주봉, 793 m)을 뒤로하고 서래봉 방향의 능선을 타기로 했다. 내려가는 길은 최 원장 부부가 제비처럼 빠르다. 시야에서 보이질 않는다. 나는 내려가는 길이 괴롭다. 지난 10월에 다친 왼쪽 무릎 연골 파손으로 아직 완치되지 않았음에도 지난 연말부터 일주일에 두 번쯤 계속 산행을 해왔다. 완치될 때까지 산행을 중단하라는 아내의 만류에도 산이 좋아 나는 산을 찾는다. 이젠 아내도 만류를 포기하고 느린 산행을 나와 함께 즐긴다.

다섯 시간 동안 산행을 끝내고, 하산 길에서 컵라면으로 우선 시장기를 때웠다. 곁들여 마신 정읍 약주는 맛이 일품이다. 술을 잘 마시지 않는 최 원장 왈, "정읍 약주는 전국에서 알아주는 술이야!" 하고 거든다. 술 맛이 좋다고 4 홉들이 한 병을 건네주며 서울 가서 맛보란다. 원래 내가 술 욕심이 많다고 아내가 옆에서 핀잔을 주는데도 못 이긴 척 받아 배낭에 넣는다. 서울 가서 술 맛 다시 본다고 생각하니 흐뭇하고 기분이 좋다.

정읍으로 나와 우리 일행은 사우나로 몸을 녹이니 피로가 사르르 녹는다. 복분자술에 피리 매운탕은 나를 또 정읍으로 발길을 자주 하도록 유혹하고, 친구들이 건네는 정이 나를 유인하는구나. 오늘 하루해가 무척 짧았다. 운전대를 아내 손에 맡긴 채 꾸벅꾸벅 졸다 깨다 하며 본 늦은 밤길 서울 가는 도로는 뻥 뚫려 있었다.

8. 북 카페(Book Cafe)도 들려보고

-홍천 공작산-

한 달 전쯤인가. 이형숙, 김종헌님 부부가 쓴 〈빵 굽는 아내와 CEO 남편의 전원카페〉라는 책을 읽다가 홍천 공작산 산행도 하고 그들이 운영하는 북 카페 (Peace of mind)도 들러 보기로 작정을 했다. 차일피일 미루다 공작산을 12월 첫 산행지로 정하고 K형 부부와 함께 길을 떠난다.

어제 비가 내리고 난 후라 그런지 오늘 아침 기온이 제법 쌀쌀하다. 양평, 홍천 44번 국도를 따라가다 구성포에서 서석/양양 방향으로 10여 km 진행하다 공작골 공사 중인 포장도로를 만난다. 공작골 입구 도로가 공사 중이라 우회하도록 지시하는 공고문을 무시하고 산길 도로를 계속 올라가니 고개부터 비포장도로로 지금 아스팔트 공사 중이다.

산 고개에 주차하고 절개지 능선을 탄다. 잡목 숲 사이로 눈발이 날리고, 낙엽이 켜켜이 쌓인 능선 길을 오르니 미끄럽다. 산객이 다니지 않은 길을 앞장서서 길을 만든다. 잡목 길 능선을 30여 분 오르는데도 공작산은 저 멀리 안개 속에 묻혀 좀처럼 길을 내주지 않는다.

깊은 산 속 기암괴석 절벽에 늙은 소나무 한그루는 자신의 그림자를 잃어버린 채 독야청청 서서 명상을 하고 있다. 숲 속 저편에는 산 새 몇 마리가 제 모습을 살짝 숨기고 산의 적막을 깨트리며 지저귄다. 산 능선에서 걸음을 쉬고 땀을 닦는 나그네는 방금 구름 타고 하강한 신선인가, 산의 적막을 깨는 침입자인가. 아니면 속세를 등지고 싶은 철부지인가.

아내는 능선 길을 버리고 공작골 정문 들머리로 산행을 하자며 돌아가자고 한다. 발목까지 빠지는 낙엽 길은 미끄럽고, 잡목은 발목을 붙들고, 하는 수 없이 원점으로 조심조심 회귀한다. 다시 차를 몰고 공작골로 들어서니 산불감시인이 입산통제로 차를 막는다. 공작산 휴양림까지만 갔다가 산에 오르지는 않겠다고 약속하고 산을 들어선다.

숲 속에 들어서니 머리가 상쾌하고 모든 세속의 이기심이 사라진다. 맑은 숲 향이 자연을 통해 인간성을 회복시켜 주나 보다. 우주적 존재의 신령스런 기운이 내 몸을 순환하며 바른 생각을 하게 한다. 산에 오면 자주 내 마음을 들여다본다. 마음을 잃어버렸다가도 금방 마음을 찾으면, 화를 내었다가도 바로 접을 수 있다.

마음은 성품의 근본자리이다. 그래서 마음공부가 필요하다. 본인을 위시해서 많은 사람은 자신의 마음을 잃어 버려도 곧 찾으려 하지 않는다. 그러면서도 집에서 키우던 강아지를 잃어버리면 아파트 게시판이나 동네 어귀 가로수에도 개 찾는 공고문을 게시한다. 참으로 아이러니하다. 숲길을 걸으며 잃어버린 마음을 찾아 떠나는 여행을 자주 하기로 자신과 약속을 한다.

이런 생각 저런 생각을 하며 공작산 휴양림에 들어서니 마음은 벌써 공작산 정상에 선다. 약속대로 휴양림에서 산봉우리만 바라보며 산세의 아름다운 모습을 머릿속으로만 그린다. 정상에 서지 못하는 것이 못내 아쉽다. 차라리 약속을 하지 말고 몰래 능선 길을 다시 탈 걸 하고 후회도 해본다. 하지만 약속은 약속이다. 지난가을 단풍 든 산이 무척 아름다웠을 것 같다. 이름

공작산

처럼 공작의 모양을 한 산일까.

휴양림 관리인에게 인사를 건네니 관리인 할아버지(70세)는 외로운지 자꾸 쉬었다 가라며 관리실로 안내한다. 할아버지는 말벗이 그리웠던지 다정하게 세상 돌아가는 얘기며, 가족들의 얘기를 풀어놓으신다. 점심때가 되어 우리는 할아버지와 가져간 컵라면과 과일과 백세주를 나누어 먹고 마시며 서로 정을 건넨다. 갑자기 할아버지가 노래 가락 한자리 할 테니 들어보란다. 육자배기 가락에 흥이 나신 할아버지는 덩실덩실 춤을 추시며 멋들어진 가락을 뽑아대는데 보통수준이 아니다. 우리는 산속의 관객이 되어 신나게 박수를 친다. 정상을 못 밟은 대신 할아버지의 세상사는 얘기와 노랫가락을 무료로 감상하는 행운을 얻었다.

아쉬운 마음으로 산에서 내려와 차를 돌려 북 카페로 향한다. 북 카페에 들어서니 만 여권의 장서와 서화 그리고 음반으로 실내를 꽉 메우고 있다. 카페 주인 부부가 40년간 모아온 책들과 소품들이 주인의 품격과 소양을 나타내듯 적절한 공간을 차지하고 객을 맞는다.

책에서 본 주인장 내외가 반갑게 맞이한다. 허브 차를 주문하니 재료가 다양한 허브 빵을 맛보라며 스펙에 대해 친절하게 설명을 해 주신다. 몇 마디 대화를 통해 서로 감정이 소통되고 나니 아예 세상사 얘기며 삶의 철학들이 쉴 새 없이 교환된다.

아마 한 시간은 족히 지났을 것이다. 음악이 조용히 흐르는 카페엔 낭만이 넘쳐난다. 유럽풍 카페모습이다. 아내는 지금 무엇을 생각하고 있을까? 여길 와 보고 전원생활로 돌아갈 것을 결심해줄까? 제발 결심해 주면 좋으련만. 30년 교직생활을 청산할 생각은 하지 않는 걸까? 어렵게 승진한 교감자리가 아까운 걸까? 왜 시골로 들어가는 걸 싫어할까? 내 설득이 부족한 탓이리라.

카페 주인장 부부는 1년 반 전, 서울 생활을 접고 그동안 꿈꾸어 오던 전원생활에 인생 2막의 장을 홍천 공작산 아래에 열었다. 참으로 용기 있는 결단이다. 나도 서울 생활을 훌훌 털고 후반생을 조용한 시골, 산과 계곡이 어우러진 곳에서 조그만 텃밭이나 일구며 자연과 더불어 살고 싶은 소망을 오래전부터 가졌었다.

철없던 경쟁의 30년을 청산하고 후반생 30년은 여유를 갖고 나 자신을 위한 삶을 살고 싶다. 산과 벗하며, 자연과 벗하며 진정 나 자신을 위한 삶의 양태는 무엇일까? 하고 상념에 잠긴다.

카페에서 바라본 공작산은 한 폭의 그림이다. 산이 산을 가리고 저 멀리 우뚝 솟은 공작산 정상을 바라보니 오늘 정상을 밟지 않고 미답으로 남겨두길 잘한 것 같다. 입산통제가 풀리고 눈이 적당하게 내리는 날 아내와 단둘이 다시 와 할아버지의 노랫가락도 다시 청해 듣고, 공작산 정상도 경건한 마음으로 오르기로 마음속에 다짐해 두며 아쉬운 발길을 돌린다.

9. 가을 타는 남자
-순창 강천사-

가을은 왜 잠자고 있는 남자의 감성을 건드리는가. 시월의 달력도 뜯길 시각을 기다리며 대롱대롱 벽에 매달려 있다. 시월 마지막 주말 1박2일 일정으로 집을 떠난다. 갓 시집온 새색시도 김장 서른 번을 담그고 나면 어느덧 세월이 그녀에게 훈장을 얼굴에 달아 준다. 아내를 바라보니 아내도 지금 막 훈장을 받으려 하고 있다. 가을이 훈장을 얼굴의 주름살에다 달아 줄까, 머리카락에 매달아 줄까 고르고 있다.

단풍하면 정읍 내장산 단풍이 전국에서 으뜸이리라. 작년 이맘 때 올라본 서래봉의 풍광이 겹쳐온다. 금년 2월인가, 눈 덮인 내장산 까치봉이 또 눈에 밟힌다. 그러나 이번엔 순창 강천산 단풍 유람으로 결정을 내리고 길을 떠난다.

편리함 때문에 20여 년 동안 자동차 여행만 고집했던 나는 꽉 막힐 일요일 상경 길을 생각하고 대중교통 이용으로 생각을 바꾸었다. 인터넷으로 하행 편은 우등고속으로, 귀경길은 KTX 편으로 예매를 하고나니 벌써 고속버스 창가로 스치는 가을 풍경이, 강천사 여승의 독경소리가 그리고 애기 단풍이 나를 고향 길로 인도한다. 오후 4시 동서울터미널에서 우리 부부는 우등 고속버스에 몸과 마음을 실었다. 그리고 젊은 날의 사랑까지 한 보따리 가슴에 품고.

고속도로에 접어들자 차량 홍수로 벌써 길이 막힌다. 나처럼 단풍 관광에 나선 차량일까? 판교 톨게이트를 어렵게 벗어나자 전용차선이 서서히 시속을 높이기 시작한다. 옆 차선들을 바라보니 도로가 주차장이다. 오랜만의 버스 여행에 만족하며 서울을 벗어나는 홀가분함을 맛본다. 정읍 터미널에 예정 도착시각보다 10분쯤 늦게 19:20분쯤 도착했다.

금년 2월 내장산 등반 후 맛본 그 피리탕의 맛을 잊을 수가 없다. 반갑게 맞이하는 최 원장 부부와 '두리식당'으로 갔다. 그 때 그 맛은 그대로 살아 있었다. 피리와 민물새우 그리고 시래기가 적당히 어우러져 만들어내는 그 국물 맛에 반주로 들기에는 소주 한 병은 너무 적다.

다시 우린 벽난로가 적당하게 분위기를 잡아주고 또 음악이 흐르는 룸살롱으로 자리를 옮긴다. 밤이 새도록 애기꽃을 피우다 집주인의 아코디언 연주에 박수를 보내며 와인 한잔의 향을 맡는다. 정읍에 올 때마다 넉넉한 부인 마님의 미소와 음악예술에 대한 심미안을 가진 주인장의 장기로 나는 그만 추억을 안고 꿈나라를 나르는 편안한 한 마리 산새가 된다.

새벽 6시 전주에서 이번 산행에 동반키로 한 후배 강 선생 부부가 도착하여 정읍 삼백집에서 콩나물 해장국으로 간단한 요기를 마친다. 세 가족 일행은 쌍치를 돌아 순창 가는 국도 길을 달린다. 새벽길은 안개로 자욱하다. 가끔 흘러간 안개 저편 쌍치 가는 능선엔 수채화 물감을 찍어 만산홍엽(滿山紅葉)을 그려내려 하고 있다.

강천사 주차장에 도착한 우리를 맞는 아침산은 경건하다. 서둘러 온 탓인지 산행 인파가 한적해 빨간 단풍이 우릴 더 반갑게 맞이한다. 병풍바위를 지나 강천사 가는 길은 평지로 편안하다. 계곡엔 명경지수가 흐르고 가끔 고인 용소엔 낙엽이 첩첩이 떠 있다. 왜 벌써 낙엽 되어 다른 동무들보다 먼저 삶을 버리는가. 최 원장 왈, "입관하는 순서엔 선후배가 따로 없어" 한마디 던지는 독백에 내 순서를 잠깐 생각해 본다.

빨간 애기단풍이 탄성을 지르게 곱다. 강천사 절 마당엔 내가 이제껏 보아온 대웅전 중 그 규모가 제일 자그마한 모습으로 다가온다. 법당 부처님은 강천산을 머리에 인 채 가부좌를 틀고 앉아있다. 세심대(洗心臺)를 기웃거려 보았으나 여승은 꼭꼭 숨어 마음을 씻고 있나 보다. 세심대는 처마에 곶감을 주렁주렁 매단 채 나그네에게 정숙을 강요한다. 현수교엔 이른 아침이라 길손이 한 사람도 없이 하늘 속에 홀로 정차중이다. 양 옆 구름다리 밧줄만이 단풍나무를 동여맨 채 고요하게 하늘에 떠 있다. 구장군 폭포엔 영락없는 깊은 여체의 음부만 살짝 보일 뿐 물이 말라 있다. 초록을 빨간 단풍으로 채색하느라 에너지를 다 써버렸나 지쳐있다.

북바위 올라가는 계곡에서 먹자전을 연다. 강 선생 부인은 정성들여 싸온 사과, 배, 떡 그리고 찰밥을 그리고 최 원장은 쑥떡, 홍시, 찰떡을 먹자전에 내놓는다. 내 가방엔 아내의 식성과 나의 게걸스런 식탐만 들어있어 나는 내 가방 열기가 좀 부끄럽다.

북바위 오르는 길이 가파르다. 북바위는 금성산성을 거느리며 산성산(해발 603m)을 올려다보고 서 있다. 산성에서 눈을 돌리니 북쪽으로 담양호가 고요하게 물을 품고 앉아 있다. 저 멀리 산 계곡과 능선들은 어깨동무를 하며 색동옷을 입고 물을 감싸고 있다.

또 자리를 잡고 배낭 무게를 줄인다. 이번엔 컵라면 파티다. 산상에서 먹는 이 맛이란? "인생은 먹는 게 남는 거여." 하, 최 원장도 '파스테르나크'의 〈닥터 지바고〉를 읽었는지 그 말을 기억하며 명언을 남긴다.

Man is born to live not to prepare for the life…
(인생은 먹는 게 남는 거여…)

갑자기 등산객이 많아졌다. 산 방(자리)을 뒷사람들에게 빼주고 송낙바위로 하산 길을 잡는다. 강천 제2호수까지 가는 길은 철제 계단 길과 가파른 내리막길로 이어진다. 다시 구장군 폭포 여체의 음부를 만난다. 아내 몰래 살짝 곁눈질하다 엉큼한 마음을 아내에게 들킨다.

9.2 km의 산행 길을 내려오니 늦깎이 산행인들이 현수교에 구름처럼 대롱대롱 매달려 있다. 오전과 달리 주차장엔 차로 꽉 차 있고 도로가 4~5킬로 까지도 관광버스와 자가용차들로 뒤엉켜 있다. 겨우 길을 빠져 나와 쌍치길 산허리를 돌아 정읍 사우나에서 피로를 씻는다. 또 생각나는 소주 한잔을 피리탕에 곁들이니 술 맛이 입안을 뱅뱅 돈다. 정읍발 20:43분 KTX엔 최원장이 애지중지 길러온 10년 묵은 커다란 인삼주 한 병이 우리 부부와 서울로 동행하고자 무임승차를 한다.

10. 삼각산 사모바위의 손짓
-삼각산-

구파발 지하철역 인공폭포 앞에 꾸역꾸역 모여든 인파는 아직도 단풍 빛깔이다. 토요일이라 더 많은 사람이 삼각산(북한산)을 벗하려고 모여든다. 삼각산은 어느 곳에서 올라도 좋은 산이다. 특히 구파발 기자촌 뒷길은 가까이는 새색시 시집갈 때 쓰는 족두리 모양의 봉을 비켜서 바라보고, 또 멀리는 백운대와 인수봉의 수려한 자태를 경탄하며 바위 능선을 기어오르는 맛 또한 상쾌하다. 향로봉과 비봉의 솟구침이 하늘을 찌르고 바위 성 사이에 옷을 벗기 시작한 단풍이 한 폭의 수채화를 연상케 한다.

일주일간 나는 삼각산이 눈에 아른거려 토요일이 되기만 손꼽아 기다렸다. 배낭에 녹차 그리고 사과 한 톨과 책 한 권을 꾸렸다. 긴 산행을 꿈꾸며 8시에 집에서 출발한다. 올림픽공원 역에서 구파발 역까지진 대충 한 시간, 〈피에르 쌍소〉의 '느리게 산다는 것의 의미'를 읽다가 구파발역에 당도했다. 택시를 탈까 하다가 읽은 책이 걷게 한다. 느리게 살기 위하여 무작정 걸으니 35분 후 기차촌 산마루를 넘어 향로봉 길에 접어든다. 일주일 전에 친구들과 함께 걷던 길이다.

바위성을 기어오르니 땀이 송골송골 배어든다. 우측으론 족두리봉이 좌측으론 멀리 백운대, 인수봉이 만경대와 함께 일주 전 보다 훨씬 큰 키로 우뚝 솟았구나. 백운대와 인수봉이 바로 코앞에서 손짓한다. 쉴 때만 쳐다보고, 산을 오를 땐 미끄러지지 않도록 주의해서 천천히 오라고 당부하는구나.

비봉엔 벌써 사람들이 태극기가 꽂혀 있듯이 빼곡하게 차있다. 진관사 계곡은 여승의 독경소리를 품은 채 말이 없이 다소곳이 앉아 있다. 향로봉을 바라보니 바위 틈새마다 산수화를 그려 놓았다. 사모바위는 떠난 임을 생각하는지 등을 돌리고 삼각산을 바라본다.

그런데 오늘은 사모바위가 어서 오라고 손짓을 한다. 나는 사모바위가 손짓하는 이유를 안다. 그동안 왜 자주 안 왔느냐고 지난주엔 등을 돌리더니 오늘은 반갑게 맞는다. 또 다른 이유 하나는 지난주엔 비봉을 비켜가니 돌아보지도 않더니 오늘은 엉금엉금 기어 비봉 정상을 통과하니 잘 했다고 반갑게 맞는다. 성철스님이 자기를 친견하고자 하는 사람에게 3000배를 하고

삼각산 사모바위

만나자고 하듯이, 사모바위는 비봉 정상을 밟고 오란다.

서울의 진산 삼각산은 참으로 신령스럽기만 하다. 20여 년간 보아온 보현봉 모습은 지금도 눈에 아련하다. 문수봉과 보현봉은 보살들의 화신인가! 비오는 어느 날 대남문에서 백운대까지 종주했던 기억이 떠오른다. 비봉에서 바라보는 사모바위는 편안하다.

승가사 계곡을 끼고 문수봉을 비켜 대남문에 이르니 산객이 줄을 이어 오른다. 대성문을 지나 칼바위를 옆으로 끼고 뒤를 바라보니 보현봉 줄기에 오색 단풍이 옷을 벗고 있다. 대동문, 동장대를 지나니 백운대, 인수봉이 바로 눈높이에 떡 버티고 서 있다. 한적한 산모퉁이를 찾아 땀을 식히며 시장기를 때운다.

잰걸음으로 용암문을 지난다. 노적봉이 왼편에 동그마니 서 있고 백운대 정상엔 등반객이 촘촘히 줄을 잇는데 인수봉 봉우리 위엔 흰 구름 한 점이 두둥실 떠있다. 능선 길엔 빨간 단풍이 낙엽 되어 누워있다. 백운암문을 지나니 사람들이 빽빽하게 줄을 서 있다. 인수봉엔 10여 명의 알피니스트들이 자일에 매달려 있다. 836m 백운대 정상에 서니 왼편엔 인수봉을, 오른편엔 만경대가 삼각편대를 지어 서서 '우리는 삼각산' 이라고 외치고 있구나.

산은 어떤 산을 불문하고 좋다. 설악산도 좋고, 지리산, 한라산도 좋다. 검단산도 좋고 남한산도 좋다. 그런데 여러 산중에서 삼각산은 많은 사람으로부터 가장 사랑 받는 산임에 틀림이 없다.

바위성채의 북한산은 '내 품에서 용서와 화해 그리고 겸손을 배우라' 고 내일도 모래도 사람들에게 손짓을 할 것이다. 오전 9시부터 걸은 걸음이 오후 3시에야 백운대 정상에 섰다. 눈을 들어 도봉산 쪽을 바라보니 뿌연 안개로 산 그림이 선명하지 않다. 수락산과 불암산은 나지막하게 건너편에 서 있다. 백운암문을 거쳐 도선사 방향으로 하산한다. '삼각산 도선사' 현판을 확인하고 우이동을 거쳐 귀갓길에 오른다. 오늘 하루가 참으로 긴 묵언의 산행 길이었다. 사모바위의 손짓이 또 다음을 기약하자는구나.

11. 율동공원 탐방 후 영장산으로

-분당 영장산-

K형은 3년 전 분당 영장산 산자락에 200여 평의 밭을 사 주말농장 주인치고는 꽤 크게 노후 연습을 해오고 있다. 가끔 놀러가 원두막에서 뒹굴며 하루를 보내면 상추며 쑥갓 등 푸성귀를 실컷 얻어먹고도 또 일당으로 바리바리 싸들고 귀가하는 재미가 쏠쏠하다. 작년엔 호박고구마를 몇 박스 얻어 가난한 내 살림에 웰빙 영양식으로 겨울을 나기도 했다.

내일은 정읍에 사는 황금오리 부부와 삼각산 산행이 미리 약속이 되어 있어 오늘은 가볍게 영장산(413.5 m)을 오르기로 하고 집을 나선다. 영장산을 오르는 들머리가 여러 군데가 있으나 율동공원을 지나 1km 쯤 가면 새마을연수원 정문에서 오른쪽

담장을 따라 나있는 임도가 들머리이다.

가끔 주말농장에 놀러 갈 때마다 지나는 율동공원을 오늘은 들르고 싶어 핸들을 꺾는다. 율동공원 소형 주차장에 주차하고 산책로를 따라 500여 미터를 걸으니 호수가 그림처럼 나타난다. 산으로 빙 둘러쳐진 호수는 주변 자연경관과 잘 어우러져 분당 시민들의 쉼터 역할을 톡톡하게 해내고 있다.

※ 율동공원

율동공원

경기도 성남시 분당에 위치한 공원으로 공원시설은 30여만 제곱미터이다. 1999년 8월 30일에 개장되어 오늘까지 분당시민의 사랑을 받는 호수공원이다. 주말엔 멀리 자동차를 이용하는 가족단위 관람객도 많다. 1999년 8월 개장한 번지점프대는 국내 최대 높이(45m)를 자랑한다. 율동호수를 바라보며 곧장 뛰어내리도록 되어 있어 점프장면을 관람하기 위하여 찾는 관광객도 적지 않다. 특히 텔레비전 연예오락 프로그램 촬영지로 유명하다. 운영시간은 오전 10시~오후 9시(주말은 10시)이다. 분수대의 물줄기가 최고 103m까지 솟는 것이 볼 만하다. 호수 주변으로는 2.5㎞의 산책로와 자전거전용도로가 조성되어 있다. 지하철 분당선 서현역에서 도보로 15분 거리에 위치하며, 인근에 중앙공원 · 토지박물관 등이 있다.

시설현황 : 주차장, 분수대, 배드민턴장, 번지점프대, 어린이 놀이터, 발 지압장, 잔디광장, 사계절꽃동산, 데크 및 갈대밭, 수변휴게소, 조형물광장, 국궁장, 대도사

공원 호숫가를 빙 둘러 산책길에 나선다. 호수 위엔 오리들과 왜가리가 떠서 사랑을 속삭인다. 호수 한 쪽엔 명물인 '번지 점프대' 가 우뚝 솟아 명물임을 뽐낸다. 막 첫 점프가 시작되는지 구경꾼들의 고개가 하늘을 향하고 있다. 담력이 약해서인지 조교가 심호흡을 시키며 주의사항을 주는 모양이다. 아래 구경꾼들은 빨리 하지 않고 뭐하느냐고 안달을 한다. 그러나 한참을 머뭇거리더니 줄과 함께 훌렁 곡예를 한다. 몇 컷을 디카에 담는다.

산책길을 걸으며 지난 인생사를 더듬는다. 갈대밭 길에서 앞서가는 젊은 연인들의 모습에서 젊은 날의 나를 본다. 30여 분

정도 2.5km의 산책로를 돌며 자연과 잘 어우러진 경관에 마음을 뺏긴다. 맑은 공기와 주변의 풍광이 아름답다. 구름이 잔뜩 끼어 날씨는 흐리지만 호숫가를 걸으며 마음만은 누군가를 사랑하고 싶은 충동을 느낀다.

차를 다시 새마을연수원 입구 공터에 주차하고 영장산을 오른다. 가는 길에 K형의 원두막에 배낭은 벗어 놓고, 타월과 디카만 휴대한 채 숲 속 토끼골을 지나 거북터 안부까지 와 흐르는 땀을 닦는다. 산님들이 삼삼오오 팀을 이뤄 산에서 내려오고 있다. 안부에서 5분쯤 오르면 영장산 정상(413.5m)에 이른다. 들머리부터 30분이면 정상을 밟을 수 있는 낮은 산이다.

정상엔 야탑 방향에서 또 태제고개로부터 오른 산님들이 숨을 고르고 있다. 애완견 한 마리도 주인 따라 올라와 참나무 밑동에 뒷다리 하나를 들고 흔적을 남긴다. 땀을 식힌 후 거북터 안부를 내려와 율동공원 방향 능선을 타고 오솔길을 걷는다. 주말농장 원두막으로 내려와서 상추와 쑥갓, 도라지 잎과 비타민 등 푸성귀를 한 바가지 뜯어 흐르는 물에 헹궈 쌈밥에 이동막걸리를 곁들이니 신선의 만찬이 이보다 더 나을까싶다.

나른한 몸을 오수에 맡긴 채 꿈나라로 들었다가 장끼 한 마리가 이웃집으로 마실간 까투리를 찾는 소리에 단잠을 깬다. 구름 낀 하늘에선 금방 한바탕 원두막을 공격할 태세다. 지나가는 솔바람이 겨드랑이 속을 헤집고 나는 먼 산을 바라보다 '레이첼 나오미 레멘' 이 지은 〈그대 만난 뒤 삶에 눈 떴네〉 –사랑이야기 책 속에 빠져든다.

12. 제비봉에서 바라본 충주호의 비경
-구담봉/옥순봉/제비봉-

무릇 여행이란 필자의 경험으론 세상 속의 삶으로부터 무작정 도망쳐야 그 맛이 새롭다. 진정으로 여행을 즐기는 자는 방랑의 기쁨과 모험심을 가지고 정처 없이 길을 떠나길 좋아하는 사람일 것이다. 일상을 훌훌 털고 목적지도 정하지 않은 채, 나 홀로 여행은 한편으론 시행착오를 겪기도 하지만 한번 해보면 그 재미도 쏠쏠하다.

미리 계획되지 않은 여행 스케줄은 무모한 듯해도 여유와 느림의 미학도 따른다. 뿐만 아니라 문득 마주치는 여행지의 경치와 낯선 사람들과의 만남은 신선한 감동을 주고받기도 한다. 여행을 좋아하여 정처 없이 떠날 땐 나도 모르게 핸들이 충주지방으로 꺾인다. 충주호 드라이브 길을 지나며 수안보나 단양으로 또는 박달재를 지나 강원도 내륙지방으로 이어진다.

그런데 산행은 여행과는 조금 다른 것 같다. 산행 목적지를 정해놓고 들머리도 알아 놓아야 고생을 하지 않는다. 유명한 산이면 산행객들이 많기 때문에 졸졸 따라 가면 쉽게 들머리를 찾지만, 지방의 산, 그중에도 잘 알려지지 않은 한적한 산을 찾게 될 때는 들머리 찾기가 여간 쉽지가 않다. 지난 연말에 공작산 들머리를 찾을 때도 고생한 경험이 있다. 산에 다녀 본 경험으로 들머리를 잘 모를 때는 무조건 능선을 향하여 가시덤불 길을 헤치고 올라서면 등산로로 연결이 된다.

일 년여 전에 장회나루까지 아내와 드라이브를 와서 유람선을 탄 적이 있었다. 유람선상에서 바라본 구담봉, 옥순봉과 투구봉 그리고 제비봉의 산세와 충주호가 어우러져 한 폭의 산수화를 그렸던 기억을 새겨 두고 있던 차에 갑자기 생각이 나, 아내는 학교개학이라 나홀로 집을 나선다.

구정 연휴 끝이라서인지 동서울 톨게이트를 지나는 차량이 그리 많지 않다. 호법에서 영동선으로 가다가 여주를 지나 중부내륙고속도로를 탄다. 서울에서 충주까지 한 시간 10분 정도 밖에 걸리지 않는다. 수안보방향으로 가다 다시 월악 계곡, 단양 방향의 36번 국도를 타고 간다. 구담봉/옥순봉 들머리인 계란재 매표소엔 예닐곱 대 주차할 수 있는 공간이 있다.

임도를 따라 조금 걸으니 편안한 나지막한 길이 앞장선다. 1.5km쯤 걸으니 구담봉과 옥순봉으로 갈리는 삼거리가 나온다. 먼저 구담봉으로 향하니 장회나루에 떠 있는 유람선과 비취빛 충주호의 모습이 가슴을 시원하게 만든다.

구담봉(303m)은 해발은 낮지만 수직바위 길을 올라야 정상에 설 수 있다. 쇠 파이프를 박아 쇠줄로 연결해 놓아 남자 산객들은 쉽게 오르는데 여자 산객 일부는 망설일 수 있는 코스다. 구담봉 정상에서 투구봉과 제비봉 사이 호수를 바라보며 컵라면과 캔 막걸리로 점심을 때운다. 아름다운 비경을 바라보며 마시는 데도 막걸리 맛은 비경 때문인지 그저 냉수 같다.

절벽을 조심스럽게 내려와 옥순봉을 향한다. 옥순봉 가는 길은 솔잎과 전나무 잎이 지난 가을 낙엽 되어 길에 융단을 깔아 놓은 듯 밟는 감촉이 좋다. 산책하는 기분으로 오솔길을 걷는데 나뭇가지에 낯익은 용어 '한국의 산하' 표찰이 대롱대롱 매달려 있어 반가웠다. 지난 11월에 나도 회원으로 가입했기 때문에 더 반가웠으리라.

구담봉이나 옥순봉은 유람선을 타고 올려다보아야 그 경관이 빼어나다. 퇴계 이황 선생이 단양 군수를 9개월 정도 하셨는데 단양 팔경을 구경하고, 특히 구담봉 장관을 보고나서 "중국의 소상팔경이 이 보다 나을 수는 없을 것"이라고 극찬했다고 한다. 옥순봉에서 경치를 구경하고 발길을 처음 들머리로 돌린다.

차를 다시 장회나루 주차장에 세우고 제비봉 들머리를 들어선다. 불자들이 108배하는 심정으로 계단 길을 오른다. 초입 오르는 길이 가파르다. 그래서인지 땀이 여름 등산 때처럼 흐른다. 능선에 올라 뒤를 돌아본다. 아, 감탄사가 나도 모르게 잇

사이로 새어 나온다. 구담봉 옥순봉이 좌측으로 자리를 잡고, 우측엔 투구봉이, 투구봉 너머로는 가은산과 동산이 자릴 잡고 멀리 금수산이 우뚝 그 위용을 자랑하는데 그 가운데를 굽이굽이 충주호가 옥색으로 비췻빛으로 물감을 풀었다.

조금 오르다 또 뒤돌아 본 충주호는 바로 진경산수화다. 높이 오를수록 뒤돌아보는 횟수가 잦아진다. 다리가 아파서 그러는 것이 아니고 오르면 오를수록 자꾸 나도 모르게 뒤돌아서 셔터를 눌러대고 있는 나를 발견하곤 한다. 아내와 같이 하지 못해 더욱 아쉽다. 그래서 더욱 셔터를 눌러대는지도 모른다. 아내는 이 내 마음을 알아줄까?

제비봉 가는 길은 험난하다. 육산이 아니고 바위 능선이 많다. 능선 길가엔 낭떠러지가 수직으로 되어 있어 여간 조심하지 않으면 안 된다. 경치 구경한다고 잘못하다간 구천인지 황천인

제비봉에서

지를 구경할 수도 있겠다는 생각이 들었다. 능선을 오르며 눈을 좌로 돌리면 온 산자락이 암릉이다. 풍우에 오랜 세월 연마된 기기묘묘한 만물상이다. 또 우로 돌리면 멀리 월악산의 영봉이 형제봉들을 거느리고 위풍당당하게 서 있다.

한 시간 20분 만에 제비봉 정상에 섰다. 절경과 비경에 마음을 빼앗겨 천천히 올라와서 시간이 꽤 걸렸을 거라고 생각했는데 그렇지 않았다. 정상에서 바라본 산과 호수는 더욱 아름답다. 연휴 끝이라서인지 산객도 부부 두 쌍만 만났을 뿐, 한적하기만 한 산행이었다. 서울로 돌아오는 차 속에서도 제비봉 정상에서 본 산수화와 능선 암릉의 모습들이 오버랩 되어 흐뭇한 미소를 짓는다. 다음 산행지 목록에 제비봉에서 본 금수산을 첨가하기로 마음먹는다.

13. 발왕산 칼바람 맞고 눈 속에 파묻히다

-평창 발왕산-

오늘은 발왕산의 칼바람을 맞고 눈 속에 파묻히며 자신의 인내를 시험한 날이다. 예정대로라면 이번 주 산행은 지난 주말 충주호의 제비봉에서 바라본 제천의 '금수산'이다. 그런데 갑자기 강원도에 많은 눈이 내렸다는 TV 일기 방송이 이 겨울이 다 가기 전에 설산(雪山)으로 유혹을 한다. 산행지를 물색하다가 설원의 정취가 가득한 산, 발왕산으로 정했다. 산악회를 따라 하는 산행은 처음이기도 하다. 3일 전에 예약을 하고부터 이미 나는 발왕의 설산 풍경을 상상으로 즐겨왔다.

이번 겨울엔 강원도, 전라도 심지어 저 남쪽의 한라산까지 지방에 따라 폭설이 많이 내렸다. 그런데도 내가 사는 곳 서울은 왜 그렇게도 눈발만 보이고 마는지 심통이 날 지경이다. 사계절이 분명한 우리나라는 계절의 변화를 만끽하는 즐거움이 있다. 며칠 전 서울 도심에도 눈이 조금 내렸지만 이내 녹아 버렸다. 그러나 아파트 발코니에서 바라 본 삼각산 봉우리에 그리고 검단산 예봉산 남한산성 산줄기엔 흰 눈으로 덮여 있어 조망이 시원하다. 그래서 일을 대강 마치고 늦은 오후에 가장 가까운 남한산성을 찾아 두 눈(眼과 雪)을 즐겼다. 그러나 성에 차지 않는다. 그래서 심설산행을 하고자 '한국의 산하' 에서 여행정보를 얻어 평창의 설원으로 향한다.

평창으로 향하는 차 안은 조용하다. 이른 새벽부터 서둘러 나온 산객들이 모자라는 잠을 보충하나보다. 강원도 깊숙이 들어오자 멀리 차창에 보이는 높고 낮은 산들이 정겹게 그리움으로 다가온다. 소복으로 갈아입은 산봉우리들이 한결같이 잘 생겼다. 봄, 여름, 가을산도 아름답지만 겨울산의 정취 또한 매혹적이다. 능선과 골짜기들이 적절하게 조화롭게 배치되어 아름다운 겨울 풍경을 연출해 낸다.

버스는 용평스키장 대형 주차장에 들어서서 산객들을 토해낸다. 산객들의 연령 분포도 다양하다. 30대 초반에서부터 60대 후반까지, 그리고 부부 산님들도 간혹 눈에 띈다. 대형 관광버스 두 대에서 60-70여 명은 족히 될 듯하다. 사잇골 등로가 폐쇄된 때문인지 주차장에서 레인보우 슬로프 길을 따라 스키어들과 뒤섞이며 등산을 시작한다. 매서운 바람이 옷 깃 속을 파고들기 시작한다. 서울의 기온이 영하 9도라고 하니 이곳은 아마 영하 15도쯤 되는지 거기다가 바람까지 매섭게 불다보니 체감온도가 영하 20도는 되는 것 같다.

처음에는 일렬종대로 슬로프 길을 따라 오른다. 처음엔 발목까지 눈이 빠지더니 점점 오를수록 그 깊이가 더 깊어만 간다. 미끄러지기도 하고 푹 깊이 빠진 앞 사람의 발자국을 밟아가며 오르는 길이 여간 힘든 게 아니다. 거기다가 슬로프 5부 길부터는 매서운 칼바람이 불어대기 시작하자 여자 산님들 하나 둘 씩 오르는 것을 포기하는 사람도 생긴다. 오르는 길 내내 불어대는 칼바람에 모두들 혀를 내두른다. 소백산 칼바람과 대관령 칼바람이 세다고 하나 이보다는 덜하다고 말하는 어느 산객의 얼굴엔 빨갛게 볼이 얼어 있고 입가엔 하얀 서리가 맺혔다. 아마 내 얼굴도 마찬가지 일 것이다.

인내를 시험하며 어느덧 드래곤 피크에 다다른다. 드래곤 피

발왕산

크에서 정상가는 길엔 주목에 설화가 피어 있긴 하나 쌩쌩 불어대는 칼바람에 설화가 낙화되어 멀리 날아간다. 그래도 정상가는 안부엔 사람들의 발자국이 나 있어 처음으로 길이 편하다. 아마 어제 토요일이라 선답자가 지나간 길 때문이리라. 슬로프 길을 두 시간 넘게 칼바람과 싸우며 드디어 발왕산 정상에 섰다.

발왕산(發旺山 1,458m)은 강원도 평창군 진부면과 도암면 그리고 강릉시 왕산면을 경계로 태백산맥의 줄기인 중앙산맥에 딸린 산으로 고루포기산(1,238m), 옥녀봉(1,246m), 두루봉(1,226m)을 품고 우뚝 솟아 있다. 서쪽으로는 박지산(1,391m), 가리왕산(1,561m) 중왕산(1,376m) 백석산(1,364m)등이 파노라마를 연출한다. 천이삼백 미터를 훌쩍 넘는 고산준령들이 즐비하다.

물론 지리산의 장쾌함만 못하지만, 정상에 서면 사방이 올망졸망한 산, 산, 산으로 이어져 발왕산의 장쾌함도 지리산과 견줄만하다. 경사가 완만한 북쪽엔 용평스키장이 자리 잡고 영동고속도로가 한눈에 내려다보인다. 구름도 쉬어 넘는다는 대관령엔 소복하게 쌓인 순백의 설야가 펼쳐진다.

디카가 얼어 사진 찍기도 힘들다. 이내 밧데리가 방전된다. 장갑을 벗고 셔터를 누르려는데 손이 곱아 얼어버린다. 디카를 배낭에 집어넣고 얼른 장갑을 낀다. 시야에 들어오는 장쾌한 산봉우리들의 모습을 눈으로만 담는다. 사방이 올망졸망한 봉우리들이 출렁이는 바다의 파도와 같다.

앞서가던 산행대장이 발왕재 못미처 되돌아오며 눈이 깊어 더 이상 길을 내기가 힘들어 전진을 못하겠단다. 정상 너머 발왕재 가는 길은 눈 깊이가 보통 70여 센티미터 정도이고 어떤 곳은 1미터도 더 된다. 70여 명 중에서 중도 포기하거나 정상에서 드래곤 피크로 되돌아간 50여명을 제외하고 20여 명만 남아 곧은골 용산 방향으로 하산한다. 원래 예상코스는 1070봉을 거치고 1166봉을 거쳐 박지산을 근거리에 두고 하산할 예정이었다.

칼바람은 쉬지 않고 불어대고 다리는 눈 속 깊이 무릎 위까지 빠져들고 몸체가 넘어지기를 여러 번, 가까스로 내리막길을 탄다. 아무 생각도 없다. 오직 푹푹 빠지는 다리를 곧추세우며 중심잡기에 바쁘다. 용산 방향으로 5부 능선 쯤 내려가는데 한 무리의 산객들이 길을 내며 올라오고 있다. 얼마나 힘이 드는지 이들도 정상이 얼마나 남았느냐고 여러 번 물음을 받는다. 내려가는 길이 더 힘 든다. 넘어지지 않으려고 다리에 힘을 잔뜩 준 탓인지 다리가 뻐근하다.

스패츠를 했기 때문에 바지 속으로 눈은 들어오지 않으나 얼굴은 바람에 얼어 버린 지 이미 오래다. 추워서 중간에 쉴 틈도 없이 오직 전진만 한다. 산 밑 2부 능선 쯤 와서야 바람이 좀 잔잔하다. 무릎 깊이의 눈 속에서 고개를 쳐든 산죽을 발견하고 배낭 속 디카를 꺼내 한 컷 잡아 보지만 손이 금방 곱기는 마찬가지다.

산에서 내려와 눈과 얼어붙은 빙판길 차도를 한 시간쯤 걸어 주차장에 도착한다. 버스 안에서 몸을 녹이며 캔 막걸리에 소주를 섞어 들이키니 얼었던 얼굴이 녹자마자 다시 벌겋게 달아오른다. 금년 겨울 서울에서 눈 구경 제대로 한번 못 했다고 그렇게도 눈 타령을 했더니 발왕산에 와서 눈 속에 원없이 파묻혀 봤다고 생각하니 이상야릇한 기분이 들기도 한다. 오늘 발왕산 산행은 점심도 먹지 못한 채 칼바람과 깊은 눈 속에 파묻힌, 잊지 못할 산행이 될 것이다.

동박새의 천국 II

1. 선달 그믐날의 송년산행 ▮운길산-적갑산-예봉산▮
2. 해맞이 가족 산행 ▮검단산▮
3. 산꾼들이 얘기하는 삼각산 의상능선 ▮삼각산▮
4. 울긋불긋 색동옷 입은 도봉산 자운봉 ▮도봉산▮
5. 경칩 날 겨울을 떠나보내며 ▮도봉산▮
6. 변산의 봄노래, '석립청수성(石立聽水聲)' ▮변산 관음봉▮
7. 의상능선 예찬 ▮삼각산▮
8. 동박새의 천국, 선운사 동백숲 ▮고창 선운산▮
9. 산행 사랑거리는 5m 안팎 쯤 ▮양주시 불곡산▮
10. 나에겐 염초봉은 난공불락인가 ▮삼각산▮
11. 나비야 청산가자, 님 보러 가자 ▮영동 삼도봉▮
12. 황금오리, 삼각산 문수봉에 서다 ▮삼각산▮
13. 구천동계곡은 33 비경을 품고 ▮덕유산▮
14. 숨은 벽 꿈길 속으로 ▮삼각산 숨은 벽▮

1. 섣달 그믐날의 송년산행

-운길산 · 적갑산 · 예봉산-

운길산(雲吉山, 610.2m)은 경기도 남양주시 조안면 소재로 북한강과 남한강이 합수되는 두물머리(양수리) 북서쪽에 솟아 있는 산으로 〈수종사중수기〉에는 운길산, 〈동국여지승람〉에는 조곡산이라고 적혀 있기도 하다. 산 중턱 수종사(水鐘寺)에서 바라보는 팔당호의 경관은 빼어나다.

운길산은 서쪽의 적갑산과 예봉산 연계산행의 시발점이기도 하다. 최근 연계산행을 하는 산객들이 많아져 이 코스도 많이 이용되고 있다. 산행 들머리는 송촌리나 진중리에서 시작한다. 예봉산 연계산행 시간은 수종사 삼정헌(三鼎軒)에 들러 차(茶)를 한잔 즐긴다면 이 시간 포함 5시간 정도 소요된다.

또한 예봉산(禮峯山, 683.2m)은 팔당댐을 사이로 두고 마주 보고 있다. 사랑산이라고도 불린다. 등산 코스는 팔당리와 조안리 그리고 조곡에서 오르는 길이 있다. 정상에 오르면 팔당댐을 사이로 검단산과 마주하고 있다. 실상은 검단산의 앞모습은 하남 쪽에서 바라보는 것보다 팔당 쪽에서 바라보는 것이 편안하다. 또한 정상에서 바라보는 운길산은 양수리와 함께 한 폭의 진경산수화다

한 해가 저무는 세모에 지나간 세월을 정리해 보며 조용한 산을 찾고 싶어 여러 곳을 생각하다가 운길산-예봉산 종주산행을 계획하고 집을 나선다. 곤지암으로 출근하는 아내 차에 동승해 팔당대교를 넘어 동막골에 내린다. 다시 양수리 가는 버스를 타고 진중삼거리 검문소에서 하차하여 송촌리 가는 마을버스로 갈아탄다.

요즘 양수리는 영하 10도가 여러 날 계속된 탓인지 양수리 검문소 샛강은 꽁꽁 얼어 있다. 조안보건지소 앞에서 하차하여 보건지소 뒤 샛길을 곧장 타니 낙엽이 적당히 쌓인 오솔길이다. 오솔길을 따라 올라가니 양지바른 산자락엔 묘소가 군데군데 자리하고 있다. 묘소를 보니 좁은 국토를 생각하면 매장문화보다는 화장문화가 보편화되어야 한다는 생각이 든다.

30여 분을 지나니 수종사 일주문에 닿는다. 일주문은 아직 완공되지 않아 '雲吉山水鐘寺' 현판이 달려 있지 않다. 수종사 입구엔 '묵언' 팻말이 산객들에게 정숙을 요구한다. 수종사엔 대웅보전 응진전, 삼신각, 약사전 등이 팔당호를 바라보며 옹

기좋기 앉아 있다. 특히 대웅보전 옆에는 태종태후 정의옹주의 사리탑과 아름다운 팔각 5층 석탑이 위용을 자랑하며 자리하고 있다.

수종사 옹의공주 탑

수종사엔 530여 년 이상 된 은행나무 한 그루가 세월의 나이테를 그으며 동그마니 서 있다. 삼정헌에서 연차 향을 맡으며 동산 주지스님의 수종사 차시(茶詩)집을 들추어본다. 여기에서 내려다본 양수리 풍경은 운무 속으로 강을 숨긴다. 연차 향을 음미하고 수종사를 내려와 운길산 정상을 향하여 다시 발길을 옮긴다. 정상에 오르는 동안 독경소리가 귓전을 울린다. 이따금 딱따구리인지 이름 모를 산새가 나무를 쪼아대며 독경소리에 화답하고 있다.

운길산 정상에서 동서남북으로 조망하다 예봉산 가는 길로 접어든다. 새우젓고개를 지나고 적갑산을 돌아 철문봉에 이르기 전 양지바른 곳에 자리를 잡아 컵라면과 소주 한잔으로 시장기를 때우니 한강에서 매섭게 불어오는 강바람이 조금은 견딜 만하다. 철문봉에 이르니 산객 몇 분이 쉬고 있다.

예봉산 정상까지 참회의 시간을 가져본다. 산길을 걸으며 하는 명상은 문자 그대로 입정에 드는 기분이다. 철문봉과 예봉산 정상에서 뒤돌아다 본 운길산은 두물머리와 어울려 한 폭의 산수화를 그린다. 예봉산 정상에서 바라 본 검단산은 편안하게 자리 잡고 앉아 있다. 덕소 아파트가 가깝게 보이고 도도하게 흐르는 한강은 말이 없다. 금년 한해 아무 탈 없이 건강하게 지내며 감사생활한 것에 고마움을 느낀다. 내년에도 마찬가지로 '원망생활을 감사생활로 돌리자'고 다짐해 본다. 검푸른 한강을 가로지르는 물결에 석양이 은빛 선물을 안겨주는 풍광에 한참을 바라보다 길을 내린다.

2. 해맞이 가족 산행

-검단산-

어제는 홀로 송년 산행지로 운길산-예봉산을 다녀왔다. 그런데 오늘 새해 첫날 우리 가족 넷이서 오랜만에 새해 해맞이 산행을 검단산으로 하고 있다. 한 사람의 출발이 조금 늦어 마음이 바쁘다. 그런데다 산 아래 공터나 도롯가에는 해맞이 주차로 좀처럼 자리가 없다.

검단산 정상에서 새해 일출을 보기에는 가족 넷이 동시에 맞기에는 10분쯤 늦을 것 같다. 산을 오르는 페이스가 나와 다르니 일출시각 맞춘 해맞이는 포기하고 차라리 가족의 끈끈한 유대를 택한다.

호국사를 지나 헬기장 윗 오름 길을 막 오르는데 해맞이 산객

검단산 세한송

들이 해맞이를 끝내고 돌계단 길에 줄을 서서 내려오는데 그 줄이 끝이 없다. 두 사람이 비켜서기에도 어려운 위험한 오솔길을 오르기가 힘겹다. 하산하는 산객들 때문에 하는 수 없이 돌계단을 버리고 샛길로 정상에 도착하여 늦은 해맞이를 한다. '올 한 해 가족 모두 건강하고 행복하게 살게 하소서' 하며 소원을 발원한다.

오랜만에 가족이 함께 산을 오른 것 같다. 산 정상의 바람은 매섭고 땀이 식으니 한기가 든다. 녹차 한 잔씩으로 가슴 속을 데우고 곧바로 하산을 시작한다. 내려오는 길이 더 춥다. 하지만 가족들과 하는 산행이라 마음은 훈훈하다. 아이들은 도대체 무슨 생각을 하며 이 길을 내려올까? 가족의 소중함이라도 느낄까? 아니면 산을 오르내리며 저희의 인생길에 도움을 주는 교훈이라도 얻어 갈 수 있을까?

산에서 내려오며 자신에게 '어느 산이 제일 좋은 산일까?' 하고 어리석은 질문을 해 본다. 누구에게나 자기 자신의 가치와 관점에 따라 좋고 나쁜 태도나 견해를 갖는 평가기준이 있을 것이다. 이를 이름하여 가치관이라 정의해보자. 더 풀어 말한다면 자기만의 생각이나 느낌, 판단 기준이나 행동 양식 등을 총체적으로 일컬어 무엇을 소중하게 여기느냐에 따른 판단이기도 하다.

자신에게 물은 대답은 의외로 머뭇거리지 않고 바로 나온다. 바로 경기도 하남시와 광주 소재 '검단산' 이라는 대답으로. 이유인즉 '본인이 가장 많이 자주 찾는 산' 이며 시간과 공간 그리고 경제적인 비용 등을 고려하여 지금까지 자신이 제일 접근하기 쉽고 취향에도 맞기 때문이리라.

하지만, 다른 산객에게 질문했다면 이에 대한 대답은 각양각색일 것이다. 갑은 금강산, 을은 설악산, 병은 지리산 등등 그 대답은 다양하게 나올 것이다. 또는 본인이 체험한 산행 감정으로 동네 소재 무명산을 대답할 수도 있다. 암벽을 타는 산악인에게 동네 산은 관심 밖일 것이고, 산 초보에겐 북한산 숨은바위 절벽 길은 그림의 떡이 아닐까? 평소에 자주 다니는 산이 검단산이라고 해서 그 산을 제일 좋아한다는 대답을 해 놓고는 그저 웃어본다. 산은 늘 그 자리에 그렇게 서 있건만, 인간이 변덕을 부려대며 호(好), 불호(不好)를 논하다니!

오늘은 우리 가족 넷이서 모처럼 오랜만에 새해맞이 산행을 검단산으로 하며 덕담을 주고받은 행복하고도 기억되는 날이 될 것이다.

3. 산 꾼들이 얘기하는 삼각 의상능선

-삼각산-

산꾼들이 말하길 삼각산의 의상능선 길은 삼각산 산행의 백미라고도 하고, 의상능선을 설악의 공룡능선에 비유하기도 한다. 삼각산을 십 수차례 오르면서도 의상능선은 늘 바라다보며 능선이 아름답다는 생각만 간직한 채 언제 한번 그 길을 가야지 하고 마음에 담아 두기만 했다. 물론 옛날에는 의상능선이 개방되지 않았던 것으로 기억이 된다.

아침 08:00에 올림픽공원역에서 구파발까지 한 시간 동안 지하철을 탄다. 지하철 탑승은 지루하지 않다. 배낭 속에는 법정 스님의 문고판 〈무소유〉가 늘 함께하고 있기 때문이다. 아마 스님의, 세상에 출간된 수필은 거의 다 읽은 것 같다. 그 중에서도 〈무소유(無所有) 수필집〉은 멀리 등산할 때마다 손쉽게 꺼내 읽기 때문에 10회 독 이상 하여 수필 제목만 보아도 대강 글 내용을 알 수 있을 듯싶다. 그러나 보고 또 보아도 항상 새롭다.

스님은 수필에서 가끔 생택쥐베리의 〈어린왕자〉의 글을 인용하는데 당신께서 읽은 책 중에서 두 권을 선택하라면 〈화엄경〉과 〈어린왕자〉를 꼽으신다. 스님 덕에 산을 다녀오면 가끔 서가에서 〈어린왕자〉를 꺼내 몇 번 다시 읽어보곤 한 기억이 있다.

구파발역에 도착하여 북한산성행 버스로 갈아탄다. 산성 행 버스엔 산객들로 만원이다. 백화사 입구에서 5-6명의 산객이 하차하고 모두 종점에서 내린다. 산성매표소에서 표를 사자마자 모두 왼쪽 길 백운대 방향 길로 접어들고 나 홀로 의상봉 가는 소로를 따라 들어선다. 아마 의상봉 가는 산객들은 바로 한 정거장 전, 백화사 입구에서 내린 모양이다. 그렇게 홀로 호젓한 의상봉능선 산행은 시작된다.

나중에 알았지만 의상봉 가는 들머리는 일반적으로 백화사 입구에서 시작한다. 아니면 대서문까지 가서 대서문 성벽으로 오르는 길이 있다. 그러나 산성매표소에서 우측으로 난 이 소로가 호젓하여 마음에 든다. 산새들의 합창을 들으며 조용한 산길을 오른다. 얼마나 지났을까? 우뚝 솟은 봉우리가 가로 막더니 쇠줄과 쇠파이프 난간이 나타난다. 바위 길이 미끄럽다. 단단히 쇠줄을 잡고 당기며 오른다. 한참을 오르니 앞서 가는 부부 산님이 길을 내준다. 아마 여성이 오르기는 길이 꽤 힘든 코스일 듯싶다.

눈을 들어 왼편을 바라보니 원효봉, 염초봉, 백운대가 위용을 자랑하며 버티고 있다. 오를수록 눈이 쌓인 길이 미끄럽다. 의상봉 능선 가는 길엔 슬랩 구간도 많고 릿지 구간도 많다. 의상봉 능선 산행이 북한산의 백미라고 말하는 사람들은 아마 아슬아슬한 릿지 산행의 재미와 좌우에 펼쳐지는 봉우리들의 장관 때문에 그렇게 표현했으리라.

의상봉 가는 길에 만난 쌍둥이바위는 자연이 내린 조각 작품 같다. 백화사 쪽에서 올라오는 산님 한 분을 만났다. 서로 인사를 건네고 조심조심 미끄러운 암릉 길을 오른다. 일산에 사시는 분으로 의상능선이 좋아 여러 번 이 코스를 오르시는 산님이었다. 초행길을 이 산님이 잘 인도해주어 어려움 없이 드디어 의상봉 정상에 섰다.

조망이 감탄사를 자아낸다. 오른쪽 매봉(응봉)능선도 아름답다. 왼편으론 염초봉, 백운대가 우뚝 솟아 있고, 정면으론 용출봉, 용혈봉, 나한봉이 열을 지어 내려다보고 있다. 특히 용출봉의 생김새는 우람하다. 용출봉에서 바라보는 노적봉의 바위성채는 아름답다. 의상능선중 용출봉에서 사방을 전망하는 조망은 일품이다. 저 멀리 문수봉이 빼어난 자태로 자리하고 사모바위가 비봉을 뒤로하고 하늘금을 살짝 비켜 앉아있다.

아~우리의 산하가 이렇게 아름다운가! 아름다운 산하를 가까이 둔 서울 시민 아니 우리 국민은 복을 많이 받은 것 같다. 그 중에서도 우리 산님들은 더욱 많은 복을 받고 있음이 틀림

없다. 무학대사가 북한산에 올라 한양을 조선의 수도로 천거하고 현재까지 600여 년 동안 서울의 소임을 해오고 있다. 그런데 요즘 충청 연기-공주지방으로 행정수도 이전 문제로 나라 안이 시끌벅적하다. 위헌 소지로 헌법 소원 판결까지 나라 안팎이 시끄러웠다. 행정수도 이전 문제는 지역 이기주의를 떠나 위정자들과 국민 모두가 윈-윈 하는 합리적인 처리가 요청되는 일이다.

세상만사가 한 쪽에서 이득을 보면 다른 한 쪽에선 손해를 보는 제로 섬 게임이 일반적이지만, 서로 한발 양보하면 서로 이득을 보는 지혜도 있을 것이다.

용출봉, 용혈봉 오르는 길도 눈 길 암릉길로 험난하다. 피아노 바위를 내려가며 악보도 없이 건반을 두드린다. 국녕사 야외 부처님은 가부좌를 트신 채 참선 자세로 뒤돌아 앉아계신다. 아

국녕사

마 찾아오는 신도들에게 일체유심조(一切唯心造:일체의 모든 것은 마음이 지어내는 것임을 뜻하는 불교용어)를 설법하시고 정(定)의 경에 드신듯하다.

조심해서 산에서 내려오는데도 몇 번의 엉덩방아를 찧는다. 문수봉에 올라 아름다운 조망을 하고 비봉을 거쳐 기자촌으로 하산한다. 일산에 사시는 산님과 의기투합하여 통성명을 하고 의상봉에서 부터 하산 길 내내 동행을 한다. 기자촌 어느 허름한 순대국밥 집에서 참이슬 한 병과 순대국밥을 안주로 하산주를 들며, 삼월 초순 어느 토요일에 서로 연락하여 여성봉, 오봉을 함께 산행하기로 약조하고 구파발역에서 아쉬운 작별을 한다. 오늘 의상봉 능선의 미끄럽고 아슬아슬한 릿지 산행은 산에서 만난 후덕한 산님과 함께 한 더욱 즐겁고 안전한 산행이었다.

4. 울긋불긋 색동옷 입은 도봉산 자운봉

-도봉산-

삼각산에 오를 때마다 도봉산이 손짓해대서 늘 마음 한구석에 자리하던 산, 도봉산을 가기로 하고 집을 나선다. 도봉산 역시 너무 많은 인파에 시달리기 때문에 자주 산행하기가 선뜻 엄두가 나지 않는다. 그러나 가끔은 자운봉이 그리워 만나고 싶은 산이다.

서울시 도봉구, 경기 양주군, 의정부시를 경계로 암봉을 품고 서 있는 산, 높이 739.5m의 도봉산은 서울 근교의 산으로 삼각산과 함께 북한산 국립공원에 포함되어 있으며 교통이 편리하고 산세가 아름답다.

운악산과 불곡산을 거쳐 남서쪽으로 달리던 한북정맥이 삼각산에 이르기 전에 수려한 화강암으로 솟은 산이다. 우이령을 경계로 삼각산과 이어져 있는 도봉산은 현재 서울 도봉구와 경기도 의정부, · 양주와 경계를 이루고 있다. 주능선 상에는 최고봉인 자운봉, 만장봉, 선인봉 등의 암봉과 서쪽으로 다섯 개의 암봉이 나란히 줄지어 있는 오봉이 있다. 선인봉, 만장봉, 주봉, 우이암은 각기 거대한 암벽들이다.

도봉산

도봉산은 우람한 기암괴석과 뾰족하게 솟은 암봉들이 장관을 이루며, 사방으로 뻗은 계곡을 따라 녹음이 우거져 있어 북한산과 더불어 산사람들의 사랑을 듬뿍 받는 산이다. 사계절 모두 즐겨 찾는 산으로 가을이면 단풍의 물결이 어느 산 못지않다.

K형 부부와 며칠 전 단풍 구경 얘기가 오가다가 도봉산 단풍 구경으로 낙착이 되어 이른 새벽 두 부부가 산행을 한다. 산도

울긋불긋, 등산객들의 옷차림도 울긋불긋 산도 사람도 색동옷을 입었다. 코스를 망월사를 경유해서 포대능선을 타고 자운봉 정상까지로 잡고 산을 오른다. 망월사 계곡엔 단풍과 바위와 어우러져 장관이다. 자연의 오묘함을 바라보며 내 마음을 들여다본다. 내 마음도 덩달아 단풍처럼 붉어진다. 왜 이렇게 마음이 홀가분할까? 계곡에 앉아 암봉을 바라보는 눈이 시원하다. 서울에 이런 산이 같이 산다니 사람들은 더 없이 행운을 갖고 산다.

계곡과 나무와 바위 그리고 푸른 하늘, 모두가 한 폭의 산수화다. 산수화 속으로 푹 빠진 나는 신선인가. 포대능선은 중년의 여인이 지나기는 꽤 신경이 쓰이는 코스다. 몇 년 전에도 아내는 그 코스에 혼쭐이 났었다. 그런데 오늘은 씩씩하게 잘 버티며 암벽을 오른다. 암봉을 오르는 산객으로 인산인해를 이룬다. 가을이 다 가기 전에 단풍 절경을 보고 싶은 사람들로 산은 몸살을 앓는다. 자운봉 정상엔 발 디딜 틈이 없을 정도로 빼곡하게 사람들로 꽉 차 있다. 계곡의 울긋불긋한 단풍이 아름답다는 탄성으로 채워지고, 멀리 사패산 쪽에도 단풍으로 산이 불타고 있다. 자운봉 정상에서 조금 비켜 선 너럭바위에서 비좁게 자리를 마련하고 점심식사를 한다. K형 부부가 정성들여 준비해 온 도시락엔 상추쌈, 총각무, 계절에 늦은 풋고추와 된장이 놓이고, 우리가 준비한 과일과 조 껍데기 술상이 차려지니 임금님 수라상 못지않게 푸짐하다.

금강산도 식후경이라고 허기진 배를 채우니 불타는 산은 더욱 아름답게 보인다. 한참을 도란도란 얘기꽃을 피우다가 천축사 방향으로 하산을 시작한다. 하산 길이 더욱 조심스럽다. 암릉이 미끄럽고, 산을 오르고 내리는 인파로 하산 길이 쉽지 않다. 하산 길은 많은 인파로 꼬리를 문다. 먼지를 마시며 내려오는 길은 그리 상쾌하지 않다. 조심조심 미끄러지지 않으려고 안간힘을 써 본다. 꼬리를 무는 하산 행렬을 따라 무심으로 걷다 보니 어느덧 도봉 매표소에 다다랐다.

도봉 유원지엔 먹자판이 벌어진다. 뒤풀이 하산주연이 길가 주막마다 가득하다. 메추리 꼬치 굽는 냄새가 우리 일행을 유혹한다. 하는 수 없이 우리도 서울 탁주 한 사발로 뒤풀이를 하고, 단풍든 얼굴로 서로 마주보며 사고 없이 즐거운 산행을 자축하며 건배를 든다.

5. 경칩 날 겨울을 떠나보내며

-도봉산-

호젓한 산행 길을 꿈꾸며 송추계곡을 들어선다. 오늘 따라 산새들의 재잘재잘 합창소리는 들리지 않고 적막강산이다. 버스에서 내리자마자 하늘나라 선녀님들이 훨훨 지상으로 여행오고 있다. 계곡이 눈으로 아름다운 광경이 연출된다. 산길을 걷는 발걸음이 한결 가볍고 청량감을 더해 준다. 눈 쌓인 계곡길 눈 속은 빙판 길이다. 그러나 동화 속의 나라를 거니는 것 같은 환상을 느낀다.

산을 오르며 여러 상념이 교차한다. 우리 조상, 가깝게는 조선시대의 선인들은 산에서 자연 풍광과 풍류를 즐겼다. 우람한 산봉우리와 기암괴석을 화폭에 담기도 하고 계곡에 흐르는 옥류에 발을 담그고 멋진 시조 가락을 읊조리기도 했다. 아마 자연과 하나 되어 가슴을 열고 여유로운 삶을 즐기는 모습이 아롱져온다.

그러나 요즘은 서구의 알피니즘(흔히 등산을 일컫는 말이지만, 특히 근대적인 스포츠 등산을 일컫는 용어)의 도입으로 산(山)이 등산의 대상이 되었다. 더 빨리, 더 높이, 더 힘든 곳을 향하여 인간의 끊임없는 도전은 계속된다. 그리고 성취감을 즐긴다.

산은 인간의 지친 삶에 휴식을 주기도 하고 재충전의 장으로 활용하는 최상의 대상이 아닌가 싶다. 필자의 생각으론 '산은 정복의 대상은 아니다.' 인간이 자연을 도전의 대상으로 삼는다는 것은 참으로 어리석은 일 중의 하나일 것이다. 자연을 어머니의 품으로 느끼고 대할 때 인간에게 관용과 화해 그리고 겸손을 가르칠 것이다.

숲 속에 들어서면 세간의 번뇌 망상이 춘삼월 눈 녹듯 사라진다. 머리가 상쾌해지고 모든 이기심이 사라진다. 우주적 존재의 신령스러운 기운이 내 몸을 순환하며 바른 생각을 하게 한다.

'천지영기아심정(天地靈氣我心定)'
(천지의 신령스런 기운이 내 마음을 선정에 들게 한다.)

특히 숲 속에서의 명상은 으뜸이다. 산길을 걸으며 명상을 즐기는 사람들은 명상이 삶의 에너지를 증진시키고 정신 건강을 최고조로 끌어올리며 일상생활에 집중력을 높여주는 사실을 체험할 것이다. 우리는 자연 속에서 그리고 자연을 통하여 직관력을 배우고 인간성 회복을 이루기도 한다.

어느덧 발길은 사패능선을 뒤로 하고 포대능선 위에 섰다. 흩날리는 눈 속에서의 호젓한 산행이다. 포대능선에 서니 눈도 그치고 갑자기 산객이 많아 졌다. 회룡 방향에서 올라오는 산객들이 많다. 포대능선에서 바라보는 기암괴석과 설경은 황홀하다. 가깝게 선인봉, 만장봉, 자운봉이 그 위용을 다투며 우뚝 솟아 있다.

도봉산 여성봉

자운봉을 돌아 오봉과 여성봉으로 향한다. 바라보는 산 그림은 아름답다. 오봉 가는 길에서 돌사자를 만나 사진 한 컷 찍겠다고 애기를 건넨다. 소나무 가지 위에 핀 설화가 곱다. 급히 봄

소식을 전하려 송화(松花)대신 설화(雪花)를 피웠구나. 오봉은 눈으로 치장하고 산객을 맞이한다. 오솔길을 내려가며 자꾸 오봉능선에 눈길을 준다. 가다가 다시 덤불을 헤치고 전망 좋은 너럭바위에서 오봉을 바라본다. 산길을 조금 내려오니 여성봉이 기다리고 있다. 그림으로 많이 보아 왔던 거시기를 과감하게 내놓고 드러누워 있다. 중년 남자 산객이 한마디 한다. "허~ 그것 참 묘하게도 똑같네."

산에서 내려가며 봄기운을 느낀다. 봄이 오는 길목에서 남녘엔 홍매화가 꽃망울을 활짝 터트리며 화신(花信)을 띄웠으니 도봉산과 삼각산에도 봄의 화신(花神)은 곧 향연을 벌일 것이다. 그러고 나면 목련꽃 터지는 소리 들을 날도 그리 멀지 않으리라.

6. 변산의 봄노래, '석립청수성(石立聽水聲)'

-변산 관음봉-

지난겨울이 너무 길어서인지 앉아서 봄을 맞이하려니 좀이 쑤시는 것 같다. 아내와 남녘으로 봄맞이 가는 가벼운 흥분과 함께 벌써 마음은 관음봉 정상에 섰다. 봄을 시샘이라도 하는 양 우수 경칩이 지났는데도 시절이 요즘 제 철을 잊었는지 가끔 하늘은 눈을 쏟아댄다.

오늘도 세봉가는 길엔 백설이 흩날린다. 그러나 이내 곧 멈춘다. 백설이 아무리 좋다한들 과하면 부족함만 못하다. 그러나 변산의 봄은 서해바람을 두둥실 타고 넘실대며 산 계곡으로 밀려와 얼음장을 녹이고 물소리를 내며 콧노래를 부른지 이미 오래된 듯 대지는 촉촉하다.

가끔은 말벗이 될 만한 사람과 함께 정처 없이 봄맞이 먼길을 떠나보라. 동행인은 연인도 좋고 친구도 좋다. 그 길이 여행길이든 산행길이든 그 즐거움이 배가 되는 맛을 느낄 것이다. 사랑하는 사람의 손을 잡고 푸른 파도의 들숨 날숨을 같이 호흡해 보자. 그러면 가슴이 뻥 뚫리는 희열을 맛볼 수 있을 것이다.

바다를 끼고 도는 외변산의 드라이브 코스는 언제 가보아도 운치가 있는 낭만의 길이다. 채석강이 있고 적벽강이 있어 갯바위가 파도에 맞고 절규하는 소리도 들을 수 있다. 산행과 관광을 함께 즐길 수 있는 산과 바다가 잘 어우러져 절경을 만든 곳, 변산반도는 지금 지난겨울 폭설과 삭풍을 밀어내고 봄노래가 한창이다. 어느 산자락에선가 변산의 봄 전령사인 '변산바람꽃' 도 그 자태를 뽐내며 피어날 텐데 꼭꼭 숨어 나그네의 발길을 더디게 한다.

내변산 산악은 의상봉에서 시작하여 상여봉과 옥녀봉을 거쳐 관음봉과 신선봉으로 그 줄기를 내리며, 직소폭포와 봉래구곡을 품고 남으로 곰소만을 바라본다. 북쪽으론 새만금 간척지 방파제 물막이공사장이 그리 멀지 않다. 그리고 능가산을 머리에 이고 천년도 넘은 신라고찰 내소사와 백학명 선사가 주석했던 월명암이 다소곳이 자리하고 있다.

산행길로 일반적으로 많이 이용되는 코스는 남여치를 들머리로 해서 쌍선봉, 낙조대, 월명암, 봉래구곡, 직소폭포를 거쳐 관음봉을 오른 뒤 내소사로 하산하는 코스가 일반적인 추천코스 중 하나다. 그러나 오늘은 우동제를 들머리로 해서 와룡소골,

전망대바위, 세봉을 거쳐 관음봉으로 해서 내소사로 내려온다.

산 능선에 서면 시원한 바닷바람이 산바람이 되어 여인네 속살을 슬며시 파고들 듯 살랑댄다. 그러나 계곡의 잔설은 이젠 쓸쓸할 뿐 그 체온은 이미 봄바람이다. 이미 봄기운은 산 전체에 완연하다. 회암골 가는 길엔 산죽길이 아마 1km는 족히 되나보다. 겨우내 여윈 나목도 새순을 내기 위해 물이 제법 올라 있다. 자연에서 윤회(輪廻)를 본다. 자연의 사시순환은 한 치의 오차도 없다. 다만 인간만이 생로병사의 터널에서 허우적대는 것 같다.

계곡 길을 오르며 고요한 숲 속 계곡 길에서 흐르는 맑은 물소리를 듣는다. '돌돌돌' 흘러가는 물소리를 듣다가, 불현듯 원불교의 창시자 소태산 박중빈(朴重彬) 대종사의 봉래구곡을 지나다 쓰신 선시(禪詩) 한 수를 기억해낸다.

변산구곡로(邊山九曲路)
석립청수성(石立聽水聲)
무무역무무(無無亦無無)
비비역비비(非非亦非非)
(변산 굽이굽이 구곡로에서 / 돌이 서서 물소리를 듣는구나 / 없다고 하는 것은 또한 없고 없는 것이며 / 아니다고 하는 것도 또한 아니고 아닌 것이로다.)

선지식(善知識)의 깨침이란 바로 이런 경지인가. 있고 없다고 하는 형상도 초월하고, 옳고 그르다고 하는 것도 본래는 아닌 것인가? 오직 여여 자연한 둥근 성품자리가 유무초월의 생사문(生死門)인가. 여러 생각에 잠기다가 비탈길에 선 나무를 본다. 그리고 숲을 본다. 숲 속에 들어서면 비탈길에 선 나무들처럼 나를 쉽게 버릴 수 있는데, 세간의 일상생활에서는 왜 나를 버리지 못하는가. 그 잘난 집착과 욕심은 왜 그렇게 나와 이 세상 끝까지 동행하자고 그러는지 그저 얄밉기만 하다.

세봉에서 관음봉 가는 길의 조망은 아름답다. 산과 바다 그리고 하늘에 떠 있는 구름이 어우러져 환상적인 그림을 만든다. 관음봉 능선자락 저 멀리 흘러가는 한 조각의 구름에게 '어떻게 사는 것이 잘 사는 것인지' 설법(說法)이나 청해 볼까. 구름은 길손에게 고려 말 선승 나옹선사의 시 한 구절로 화답하고 정처 없이 어디론가 길을 떠난다.

青山兮要我以無語(청산혜요아이무어)
蒼空兮要我以無垢(창공혜요아이무구)
聊無慾而無惜兮(요무욕이무석혜)
如水如風而終我(여수여풍이종아)

(청산은 나를 보고 말없이 살라하고 / 창공은 나를 보고 티 없이 살라하네 / 탐욕도 벗어놓고 성냄도 벗어놓고 / 물같이 바람같이 살다가 가라하네.)

발걸음은 어느덧 내소사 대웅보전 앞에 섰다. 연꽃, 국화, 모

변산 관음봉

란꽃 무늬의 꽃살문이 아름답다. 그 앞에서 두 손 모아 합장하는 아내의 뒷모습에서 그녀가 염원하는 마음을 헤아려본다. 그리곤 다시 관음봉 정상을 비켜서서 흘러가는 한 무리의 구름 떼를 바라보며 선사의 시 구절을 나지막한 목소리로 읊조려본다.

7. 의상능선 예찬

-삼각산-

금년 들어 세 번째 삼각산 의상능선을 오른다. 전철 3호선 구파발역에서 산성행 버스를 타고 5분여쯤 지나 산성매표소에 다다른다. 버스 차창 가에 비친 의상봉이 우뚝 솟아 남성의 힘찬 기상을 느끼게 한다. 계곡 왼쪽으론 원만한 모습의 원효봉이 알맞은 자리에 조화롭게 좌정하고 있는 산세가 산객들의 마음을 유혹한다.

강산(江山)과 풍월(風月)은 본래 주인이 따로 없다. 오직 여유롭게 즐기는 사람만이 바로 그 주인이다. 산 계곡의 시냇물 소리, 산죽이 바람에 서로 부딪히는 소리, 조잘조잘 산새소리 그리고 숲 속을 스치며 지나는 솔바람 소리는 모두가 하나같이 천지간에 내는 자연의 소리다.

비 오는 날 숲 속 오솔길에서 나뭇잎 위로 '후두둑' 떨어지는 가을비 소리 또한 같다. 모두가 세속의 탐(貪) 진(瞋) 치(痴), 삼독심(三毒心)을 씻어내는 자연의 소리다. 나는 이 소리가 듣고파 산을 자주 찾는지도 모른다.

우람한 산세의 위용에 놀라고, 자연이 빚은 기암괴석에 탄성을 지르고 바위성채에 뿌리박고 고고하게 자란 소나무 한그루를 보고 자연에 경외심을 느낀다. 나는 이 아름다운 자연의 모습들을 보기 위해 즐겨 산을 찾는다. 술을 마실 때 운치 있는 벗과 어울리면 제 맛이 나듯, 산을 오를 땐 초일(超逸)한 벗과 어울리면 더 좋다. 그러나 가끔은 여러 산우들과 함께 하는 산행보다 나 홀로 하는 산행이 시공(時空)을 초월하여 자연과 진정으로 벗할 수 있어 더욱 좋을 때도 있다.

오늘도 의상능선 용출봉에서 용혈봉으로 내려가는 암릉 길에서 수직 바위틈에 옆으로 몸을 누이고 고고함을 뽐내는 소나무 한 그루를 만난다. 지난 주말 친구들과 의상능선을 타던 중 철제계단 밑에서 뒤에 오는 친구들을 기다리다 우연하게 내 눈에 띄었다. 그것도 행운이었다. 그저 지나치기 쉬운 곳이다. 철제계단 옆 바위 절벽에 다소곳이 몸을 숨기고 있는 그 모습이 참으로 고고하다. 제 모습을 숨기고 해와 달, 눈과 비 그리고 바람과 벗하며 10여 년을 지냈으리라. 어쩌면 토양이 척박한 바위틈에 뿌리박고 있어 오직 수분 섭취는 눈과 비에 의지 했었을 성싶다. 그 소나무에서 끈질긴 생명력과 자연의 섭리를 본다. 그리고 위대한 자연 앞에 선 인간의 나약한 존재를 실감한다.

삼각산은 거대한 바위성채다. 의상봉에서 바라 본 원효봉과 염초봉이 그렇고 노적봉도 그렇다. 의상능선을 지나며 조망하는 산세는 좌우 앞뒤 할 것 없이 사방팔방으로 빼어나다. 거기다가 가파른 암릉 길엔 쇠 로프가 곳곳에 많이 설치되어 있어 산행인들에게 체력을 단련시킨다.

의상능선

요즘은 여성 산님들도 이 코스를 많이 다닌다. 지난 주말 친구들과 함께한 산행 때 의상봉 암릉을 오르는 앞서 가는 여성 산님들이 있었다. 남성 산객 못지않게 쇠줄을 끌어당기며 암릉 길을 잘도 오른다. 뒤 따르던 동행친구가 하는 말이 "대단하십니다. 우리 체력에도 힘든데 여성분들이 잘도 오르십니다. 어디서 오셨습니까?" 하고 말을 건네니 그 중 한 분이 "강남에서 왔습니다."하고 대답한다. 또 다시 그 친구(산 밑 기자촌 거주)가

"강남이면 청계산이 가깝고 좋지 않습니까?" 하니 "청계산은 밋밋하고 시시해서요, 의상능선은 발품만 파는 게 아니라 온 몸으로 운동해야 오르지 않습니까?" 하며 말을 받는다. 그만큼 체력도 좋아진다는 얘기 같다. 이처럼 의상능선은 릿지 산행도 즐기고 체력단련도 하고 빼어난 경관도 구경하고 다목적으로 좋은 코스임이 틀림없다.

산행길 내내 구름이 끼어 봄볕은 없으나 살랑대는 춘풍이 삼각산에도 이미 봄기운은 완연하다. 겉옷을 벗어 제치고 산길을 오른다. 그래도 구슬 같은 땀에 등이 촉촉하다. 지난 늦추위에 떨던 나목이 어느새 제법 물이 올라있다. 산 아래 들머리엔 새순이 작설(雀舌)처럼 삐죽이 막 나고 있다.

자연의 오묘함을 본다. 멀리 용혈봉 산줄기 작은 봉우리에 얼굴을 빼꼬롬하게 내놓고 이목구비가 수려한 강아지 한 마리가 의상능선을 바라보며 오늘은 누가 왔다가나 쳐다보고 있다. 그 산줄기 아래 단애가 수천 년의 풍상 속에서 수마된 수석처럼 돌결이 곱게 패였다.

다시 발걸음이 피아노 바위 앞에 서서 '의상능선 예찬가'를 서투르나마 조심조심 두드리며 내려선다. 지난주에도 어느 산객 피아니스트가 건반을 두들기다 악보를 잃어버렸는지 중간에서 멈춰 서서 한참을 멈칫대며 내려서지도 못하고 그렇다고 다시 오를 수는 더욱 없기 때문에 진땀 빼는 광경을 목도한 일이 있어 그걸 생각하니 웃음이 절로 나온다. 대부분의 산객들은 안전하게 피아노바위를 우회한다. 그런데 의상능선에 자주 오는 산객들은 이 피아노바위를 그냥 지나칠 수 없어 꼭 건반을 두드리는 듯하다.

증취봉 정상에서 잠시 숨을 고르며 지나온 용혈봉과 용출봉을 뒤돌아본다. 착시 현상인가. 증취봉의 해발이 594m로 도토리 키 재기지만 용출봉(571m)과 용혈봉(581m)보다는 높은데도 많이 낮아 보인다. 아름다운 풍광을 즐기며 어느덧 문수봉 정상에 섰다. 멀리 사모바위와 비봉이 문수봉을 올려다보고 있다.

사방으로 눈을 들어 조망하다가 낯익은 산객 한 분을 만난다. 바로 지난 2월 의상능선 초행길에 동행했던 고마운 산님이었다. 어찌나 반가운지. 우리는 서로 그동안의 안부와 산행담을 주고받으며 대남문으로 우회하지 않고 곧장 문수봉 줄기 암벽을 타고 사모바위를 지나 비봉으로 내려온다. 다시 향로봉 암릉길을 타며 짜릿한 릿지 산행을 즐긴다. 향로봉 암벽길을 내려서니 주말 오후 향로봉을 오르는 산객들로 길이 만원이다. 삼각산 의상능선은 언제 올라도 싫증나지 않는 삼각산 산행의 백미라고 생각하며 날머리 불광매표소를 지난다.

8. 동박새의 천국, 선운사 동백 숲
-고창 선운산-

질곡과 혁명의 땅, 고창은 세월의 무게만큼이나 눈물과 회한으로 점철된 고을이다. 선운사 동백꽃이나 꽃무릇 그리고 서정주님의 시향으로 서정적으로 마음에 다가오는 고장이기도 하다. 그러나 수려한 산세와 서정적인 속세의 모습 속엔 120여 년 전의 성난 민중의 함성이 숨어 있기도 한 고을이다. 동학혁명의 발상지, 고창은 새 세상 건설의 꿈을 안고 발버둥쳤던 백성들의 함성이 봉두난발의 녹두장군, 전봉준의 지휘 아래 메아리쳤던 역사의 고장이다.

토요일 오후 빗속 남도 산행길에 대중교통을 이용할까 하다가 시골 성묘도 할 겸해서 차를 몰고 익산 영모묘원에 들러 성묘하고 정읍에 도착했다. 정읍엔 절친한 친구 황금오리 부부(* 황금오리란 부인이 예쁘게 잘 생기고, 돈 잘 벌고, 음식 잘하는 아내를 뜻하고, 이와 반대되는 아내를 탐관오리라 한다나)가 산다.

고속도로를 달리며 가까이 보이는 산마다 남쪽으로 내려올수록 연분홍 진달래꽃 무리가 봄을 노래한다. 버스 차창에 스쳐가는 붉은 황토의 땅 빛은 민중들의 설움이 배어 붉은 빛으로 화했는가. 역사 속의 회상도 잠시 접으니 여행길은 초등학생 시절이나 중장년의 나이인 지금이나 언제나 한결같이 마음은 설레고 들뜨기만 한다.

일요일 아침 일찍 친구 부부와 선운산 일주 산행길에 나선다. 선운산은 경수산, 개이빨산, 천마봉등을 올망졸망 거느리며 그리 높지 않은 산봉우리들로 빙 둘러 어깨동무하며 선운사와 도솔암을 품고 있어 도솔산이라고 불리기도 한다.

선운사는 577년 (백제 위덕왕 24년)에 승려 검단(黔丹)선사가 창건하고 1354년(고려 공민왕 3년)에 중수하였다. 정유재란 때 소실되어 다시 1613년(광해군 5년)에 중창하였다. 서울 근교 하남의 '검단산'(黔丹山)은 선운사를 창건한 바로 그 검단선사가 은거하며 지냈는데 선사가 은거했던 바로 그 산을 '검단산'(黔丹山)이라고 후세인은 부른단다. 그 전설이 전해 내려오기도 하여서인지 검단산을 자주 오르는 나로선 검단선사가 친숙하게 마음에 다가온다.

특히 고찰 선운사는 동백 숲을 갖고 있어 봄철 상춘객을 부르고, 여름철엔 도솔 계곡 길에 '꽃무릇' 군락지가 지친 나그네의 발길을 잡기도 한다. 또 가을철엔 내장산 단풍보다는 못하지만 선운사 단풍도 꽤 즐길만하다. 이 고장의 빼놓을 수 없는 먹을거리로는 풍천장어와 복분자술이 궁합이 맞는지 세인의 입맛을 돋운다.

철 따라 산행도 하고 관광도 하며 문화유적 답사지로는 이만한 곳도 드물다. 선운사 관광호텔 해수사우나와 그리 멀지 않은 곳에 고창 석정온천이 있어 산행 후 피로를 풀기에도 그만이다.

산행코스를 처음에는 경수산을 들머리로 해서 수리봉, 개이빨산, 낙조대, 천마봉을 거쳐 배멘바위, 청룡산으로 해서 삼인초등학교를 날머리로 긴 종주코스를 계획했다. 그러나 빗길 산행과 귀경길도 감안하고 아내와 친구 부부와 함께 무리한 산행보다 실속 있고 여유로운 코스로 다시 수정한다. 수정한 코스로도 선운산의 종주산행 못지않게 아기자기한 볼거리와 문화유적을 다시 볼 수 있어 차라리 이 코스를 택하길 잘한 듯싶다.

선운사 주차장에 도착하면 바위 암벽에서 자라고 있는 천연기념물 제367호로 지정된 '송악'이 제일 먼저 눈에 들어온다. 비를 맞으며 바위 암벽을 수놓은 멋들어진 그 모습이 푸른 그림으로 다가온다. 선운사에 올 때마다 느끼는 감회지만 도솔천을 끼고 숲 속 길을 걷는 운치 또한 멋스럽다. 오늘따라 우중에 황금오리 부부와 아내랑 도란도란 옛날 얘기하며 걷는 맛 또한 감상적이다.

이 고장 출신인 미당 서정주님의 〈선운사 동구〉라는 시비(詩

碑)엔 선운사 동백꽃을 완상하러 왔다가 철 늦은 동백 숲만 보고 주막집 여인이 건네주는 막걸리 한잔과 그녀의 육자배기 한 가락에 마음을 달래며 안타까워하는 마음이 실린 채 동구 밖 한 모퉁이에 비를 맞고 서 있다. (아래 사진은 비가 그친 오후에 내려오는 길에 찍었음)

선운산 미당시비

선운사 골째기로 /
선운사 동백꽃을 / 보러 갔더니 /
동백꽃은 아직 일러 피지 않았고 /
막걸릿집 여자의 육자배기 가락에 /
작년 것만 상기도 남었습니다 /
그것도 목이 쉬어 남었습니다 /
(원문 참조)

선운사 절집 바로 못 미쳐 오른쪽 석상암으로 오르는 마이재 길로 오늘 산행의 들머리로 삼는다. 이른 아침이라 두 부부만의 빗속의 호젓한 산행이다. 마이재를 지나며 능선 산행길이라 트레킹 코스 같다.

운무에 쌓인 산 능선길이 10여m 앞 밖에 보이질 않는다. 수리봉을 지나 참당암으로 내려 가는 산길은 제 길을 못 찾고 선운사로 내려가는 듯한 기분이 든다. 소리재 가는 이정표를 만나고서야 안도의 한숨을 쉰다. 소리재로 가기 전에 참당암을 잠깐 들른다. 참당암 대웅전은 지금 보수 중이라 부처님도 옆 절집으로 옮겨 모셨다. 이제야 비도 멈추고 운무도 점점 사라진다.

다시 소리재로 들어서니 '졸졸졸' 계곡의 물소리가 1km쯤 우리와 산길을 동행한다. 고요와 적막강산이다. 지금까지 우리 일행이 선운산을 전세 내어 왔는데 개이빨산(국사봉)을 지나고야 반대편에서 오는 산객을 처음으로 만난다. 아직도 운무는 완전히 걷히지 않는다.

용문굴에 잠시 들러 사진 몇 컷을 찍고 다시 발길을 낙조대로 뗀다. 낙조대에 서니 칠산 앞 바다의 모습들이 줄포만과 위도가 아련히 보일 뿐 시야가 흐리다. 낙조대의 일몰 광경은 또 하나의 아름다움일 듯하다. 상상으로만 일몰 광경을 그린다. 그러나 서해 바다로 빠지는 일몰을 볼 수 있는 행운을 언젠가는 얻기를 소망해보며 발걸음은 천마봉을 비켜서고 배멘바위로 향한다.

선운산 줄기 중에서 하이라이트는 배멘바위가 아닌가 싶다. 철계단을 오르고 산길을 조금 지나 본 배멘바위 모습이 흘러가는 운무 속에 보일락말락 그리는 바위 모습이 위풍당당하다. 청룡산을 지나며 돌아 본 배멘바위 모습, 쥐바위에서 다시 본 모습의 배멘바위는 거북이 모습 같기도 하다. 비학산 못 미쳐 계곡길로 들어서니 또 호젓한 산길이다. 30여 분을 내려와 만월대를 머리에 이고 앉아 있는 도솔암으로 다시 오른다. 도솔암을 끼고 100여 미터 가면 도솔암 바로 위쪽 산자락 칠송대 암벽엔 거대한 마애불상이 암각되어 있다.

유홍준 교수(현 문화재청장)의 〈나의 문화유산답사기〉를 보면 이 불상은 양식으로 보아 고려시대 불상인 것이 틀림없다고 말하고 있다. 사적기에 의하면 고려 충숙왕 때 효정(孝正)선사에 의해 선운사가 크게 중창되었는데 바로 그 때 제작된 것으로 추론하고 있었다. 마애불상 머리 위 암벽에 구멍이 여러 개 흔적이 있는데 이는 닫집의 흔적인데 기록에는 인조 26년(1648년)에 붕괴되었다고 한다. 다른 여러 불상과 달리 이 마애불상의 인상이 자애롭게 생기지는 않아 조각한 사람의 성품과 개성이 독특하지 않았나 하는 쓸데없는 생각을 해보았다.

선운계곡을 내려오는 길목 진흥굴 앞에 늠름한 기상으로 서 있는 '장사송' 한 그루는 참으로 아름답게 자랐다. 선운계곡 길엔 야생화 단지와 녹차 밭이 있고, 특히 7~8월경에 피는 '꽃무릇' (상사화) 군락지는 아직은 춘란처럼 푸른색의 줄기만 나와 있다. 여름철에 본 선운사 꽃무릇은 절집에서 본 것 중 제일 화려하고 아름답다. 상사화라고도 불리는 이 꽃은 이파리가 다 지고나면 꽃대가 올라와 꽃을 피운다. 그래서 잎과 꽃이 서로 만나지 못한다 하여 그리움만 키울 뿐이라 상사화라고도 불린다. 계곡과 산자락에 핀 꽃무릇 군락은 절간의 고요와 꽃의 사연과는 달리 보는 이로 하여금 즐거움을 준다. 작년 여름 도솔암 가는 길에 온통 붉은색으로 치장하고 나그네를 맞이하던 그 꽃이 아직은 제철이 아닌지라 꼭꼭 숨어 여름에 다시 와서 만나자고 한다.

선운사 경내에 들어오니 대웅전 뒤 산자락엔 동백 숲 (천연기념물 184호 지정) 군락이 병풍처럼 둘러 처져 동박새가 봄을 노래하며 꽃봉오리를 터트린다. 선운사 입장권에 보니 동백 숲은 3000여 그루의 동백나무가 5천여 평에 자란다고 소개되어 있다. 선운사의 동백꽃은 남도의 동백꽃보다 거의 한 달여 늦게 핀다. 남도의 동백꽃이 질 때쯤 이곳 동백은 꽃망울을 터트린다. 그래서인지 이곳의 동백 숲엔 동백꽃이 아직 만개하지는 않았다. 일주일 후쯤 만개할 듯하다.

선운사 경내를 둘러보고 길을 내려오면 입구에서 여러 고승의 부도(浮屠)를 만난다. 어느 절마다 절 입구든 옆이든 그 절에서 돌아가신 고승대덕의 부도전을 갖고 있다. 그중에서 눈길을 끄는 백파 대율사의 부도비가 발걸음을 잡는다. 백파대율사의 부도비는 1858년 (철종 9년)에 건립되었으며 완당 김정희 선생이 비문을 썼다.

백파대율사는 조선 후기의 승려로 불교 중흥에 이바지한 고승이다. 여행지에서 고승의 부도를 만날 수 있는 것도 하나의 행운이다. 아무런 예비지식이 없이 선운사를 온다면 백파선사의 부도는 그냥 지나칠 수 있다. 다행히도 선운사 절집의 최대 명물이 백파선사의 부도이며 이 비문을 완당 김정희가 썼다는 유홍준 교수의 글을 읽고 부터는 선운사에 들릴 때마다 이 비문을 살펴보는 즐거움이 하나 더 늘었다.

참고로 유홍준 교수가 지은 〈완당평전〉에는 '백파선사와 완당 김정희의 왕복 서한 논쟁' 이 재미있게 실려 있다. 백파가 선사상 이론서인 〈선문수경〉을 세상에 내놓자 대흥사의 젊은 스님 초의선사가 반박논리를 편다. 이 와중에 초의와 절친한 벗인 완당 김정희가 이 논쟁에 끼어들어 그들은 서로 서한으로 갑론을박 논쟁을 벌인다. 당시 백파는 화엄종의 종장으로 나이는 77세, 완당은 58세였다. (아마 필자의 기억으론 초의도 완당과 동갑내기로 알고 있음). 아마 이 인연으로 백파선사의 비문을 완당이 쓰지 않았나 하는 생각이 든다.

주차장에 내려와 선운사 관광호텔 해수사우나에서 피로를 풀고, 줄포만에 있는 심원으로 차를 몰아 바다가 보이는 음식점에서 풍천장어와 복분자술로 입가심을 하고 정읍에서 19:00시에 아내에게 핸들을 맡긴 채 귀경길에 오른다. 복분자 술에 취해 꾸벅 꾸벅 졸다 깨보니 22:30분인데 서울톨게이트가 보인다. 오늘 선운산 산행은 빗속에 시작해서 운무를 타고 배멘바위를 지날 때 쯤 쨍하고 해뜬 아기자기한 볼거리와 추억을 안은 산행이었다.

9. 산행 사랑거리는 5m 안팎쯤

-양주시 불곡산-

아내는 한 달에 한번 맞는 토요 휴무인 날은 좀 먼 여행길을 나서고 싶어 한다. 그러나 나는 맘속에 이미 경기도 양주시 소재 불곡산(佛谷山) 산행을 계획했던 터라 그곳으로 가자고 설득한다. 어젯밤 저녁식사 후 올림픽공원 산책길에서 아내는 직장에서 들었다는 '신 칠거지악(新 七去之惡)' 얘기를 들려준다. 그러나 내 간은 아직은 쪼그라들지 않았다. 오늘 산행은 불곡산으로 결정한다.

요즘은 여권 신장이 많이 되어 남녀평등을 능가하여 여성 상위시대 같다. 초등학교 남학생이 여학생한테 두들겨 맞지를 않나, 남녀 공학 대학에서도 학생회장이 여학생이 당선되는 사례가 어제오늘의 일이 아니다.

그런 세상이 되어서인지 재미있는 '신 칠거지악' 얘기가 우스갯소리로 구전한다. 그 중 하나를 소개하면 "아내가 다른 남자와 채팅해도 남편은 모르쇠로 일관해야 한다"나. 또 "아내가 바깥에서 애를 낳아 데려와도 질투하지 말아야 한다"나. 허, 참. 세상 오래 살고 보니 별스런 이야기가 회자된다. 아니면 이젠 그런 세상이 도래했음을 풍자하는 건가. 얘기를 전하는 아내도 깔깔대며 웃는다.

'한국의 산하'에서 만난 동두천에 사시는 산님 tdcyoun님의 불곡산 산행기를 머릿속에 담고 드라이브도 할 겸 차를 몰고 집을 나선다. 올림픽공원을 출발하여 워커힐의 벚꽃을 곁눈질하며 퇴계원 가는 국도에 들어서니 산은 연초록에 산벚꽃으로 수를 놓았다. 길 옆 과수원의 배꽃은 어찌나 아름답게 눈을 홀리는지 아내도 연방 감탄사를 쏟아낸다. 우뚝 솟은 수락산의 모습이 저만치 능선을 내며 길을 동행하더니 이내 의정부 외곽을 지나니 불곡산이 암릉을 그리며 손짓을 한다.

차를 양주 시청 주차장에 놓고 현충탑 등산로를 찾으니 폐쇄했다는 안내문과 함께 담장에 등산로 안내표를 달아 놓았다. 안내표를 따라 시청 뒤쪽을 도니 담장 끝에 등산로가 있다. 들머리부터 오솔길을 따라 15분 쯤 오르니 현충탑 등산로 임도와 만난다. 진달래는 만개했다가 이젠 하나 둘씩 낙화한다. 산벚꽃은 활짝 피어 산객들을 맞는다.

백화암을 왼편으로 바라보며 다녀올까 하다가 여우고개를 넘는다. 인적이 끊긴 길은 한가롭기만 하여 북적이는 서울 근교산보다 청량감을 준다. 아내는 졸졸 잘 따라온다. 경험칙상 아내와 산행할 땐 사랑거리를 5m 안팎으로 유지하는 게 중요하다. 간격 조절을 잘 해야 다음 산행 시에도 함께 가자고 하면 오케이하지, 그렇지 않고 내 페이스대로 쉬지도 않고 혼자 먼저 훌쩍 올라가면 다음부턴 동행하지 않으려 할 것이다.

불곡산 정상인 상봉(468.7m) 가는 길은 양주 시청 들머리에서 2.6 km로 한 시간이 조금 더 걸린다. 산들바람이 불기는 하나 이미 날씨는 초여름 같다. 구슬 같은 땀을 훔치며 뒤돌아보며 사랑거리 (5m)를 확인하곤 한다. 아내는 릿지 산행을 해 보지 않아 정상부터 암릉길이 조금은 걱정되나 아직까진 즐거운 모양이다.

백화사를 들머리로 해서 올라오는 산님을 처음으로 만난다. 정상에 오르는 암릉길에서 처음으로 로프를 만난다. 자주 로프에 의지하며 정상을 오른다. 정상에 서니 불곡산이 양주의 진산인 이유를 알 것 같다. 사방으로 조망이 확 트여 시원하다. 수락산이 가깝게 보이고, 양주 시가지며 북으로 달리는 도로며 모두가 시원하게 조망된다. 저 멀리 삼각산과 오봉이 도봉산을 어깨동무를 하며 강강술래를 한다.

이제부턴 본격적인 암릉 구간이다. 상투봉가는 암릉길이 아기자기하다. 위험한 암릉 길마다 로프가 매여 있다. 생각보다 아내는 잘 견디며 로프를 잘 타니 걱정이 좀 가신다. 로프를 만나면 재미있는지 처음엔 우물쭈물하던 행동이 대담해졌다. 그래도 조심하라고 조교 노릇하기에 바쁘다. 갑자기 '신 칠거지악'을 생각하며 웃으니 아내도 따라 웃는다.

상투봉 언저리 소나무 그늘 밑에서 컵라면과 소주 한잔 그리고 토마토로 시장기를 때운다. 가깝게 임꺽정봉이 우리가 점심 먹는 모습을 지켜보고 있다. 산은 푸르고 나뭇잎은 연초록빛으로 마음까지 청아하게 물들인다. 아, 불곡산에 오면서 경기 북부 산을 정성껏 소개해 주는 산님한테 신고도 않고 와서 "허락 없이 불곡산 다녀갑니다."라고 문자 메시지를 발송하니 곧 휴대폰 벨이 울린다. "미리 연락하고 오지 않으시고요, 저도 지금 국망봉입니다." 다음엔 꼭 연락드리고 오겠다며 전화 통화를 끝맺는다. 얼굴은 서로 한 번도 본 적이 없지만 전자그물망집(한국의 산하)에서 온라인으로 가끔 서로 안부를 주고받아 십년지기처럼 느껴진다. 취미가 같은 동호인은 나이 차를 관계치

불곡산

않고 가장 쉽게 편한 벗이 된다. 아마 우리는 띠동갑 정도 될 듯싶다.

임꺽정봉이 그만 쉬고 어서 올라오라고 손짓한다. 아내는 오늘 처음으로 불곡산에 와서 아기자기한 암릉 산행을 재미있게 한다. 임꺽정봉을 내려서면 오늘 암릉 길의 하이라이트인 30여 m의 암릉 절벽 길을 만난다. 아내는 처음엔 걱정스런 눈빛을 하더니 침착하게 웃으며 로프를 단단히 붙들고 잘 내려온다. 약수터에서 약수 한잔에 목을 축이고 대교아파트 날머리에 닿는다. 오늘 산행이 재미있었는지 만족스런 표정을 짓는 모습이 사랑스럽다.

10. 나에겐 염초봉은 난공불락인가
-삼각산-

지난 주말엔 가까운 남한산을 갔었으나 왠지 허전한 마음이다. 싱그러운 신록의 향연은 어느 산이나 벌어지겠지만 그래도 삼각산의 신록이 가슴 속을 더 시원하게 할 것 같던 차에 며칠 전에 〈한국의 산하〉에 '극공명' 님이 올린 운무에 쌓인 삼각산의 사진 한 장이 주말을 더 기다리게 한다.

삼각산 향로봉 자락 산기슭에 사는 K형을 구파발역에서 만나 밤골 계곡을 경유해서 염초봉을 오르자고 해 놓고 효자리가 들머리인 줄 알고 들어서니 그곳은 원효암, 원효봉 가는 길이란다. 가던 길을 되짚어 송추 방향 도로를 걸어 부대 앞을 지나니 우측으로 산길이 나타난다. 이 길도 아닌 듯한데 그냥 오늘의 들머리로 삼기로 하고 들어선다.

너덜길을 조금 오르니 오솔길이 나타나며 연초록과 진초록의 신록이 빚은 산자락이 싱그럽기만 하다. 어느새 나뭇잎이 크게 자라 하늘의 햇빛을 가려준다. 조용한 숲 속 길엔 가끔 나는 새소리와 그리 멀지 않은 곳에서 들리는 계곡 물소리 그리고 우리 둘의 발걸음 소리만 들릴 뿐 한적한 길이다.

삼각산에 오를 때마다 염초봉의 위용에 눌려 염초봉은 나에게 그림의 떡일 뿐 아예 오를 생각을 포기했으나 오늘은 생각이 다르다. 염초봉 밑자락에서 실컷 구경이나 하고 싶은 생각이 오솔길을 오르며 머릿속을 떠나지 않는다.

이름도 모르는 능선에서 바라본 염초봉의 모습은 의상능선에서 바라본 염초봉과 그 느낌이 다르게 다가온다. 한참을 오르니 우측으로 원효봉 능선과 만난다. 원효봉 정상엔 벌써 북한리 방향에서 올라온 산객들로 만원이다. 원효봉에서 바라보는 염초봉, 백운대와 만경봉 그리고 노적봉의 어우러진 모습은 의상능선에서 바라보는 삼각산의 여러 모습과 함께 제일 빼어난 산 그림중 하나일 듯하다.

북문을 지나 염초봉으로 오르려는 순간 위험구간이라 입산통제 경고문이 발걸음을 막아선다. 경고문엔 과태료 부과 공고와 함께 사망 사고 기록까지 적혀있다. 잠시 고민을 한다. 염초봉 오른 산행기가 있는데 그 산님들은 어떤 길로 들어 섰을까하고 옆 산객들에게 이 길 말고 다른 길이 있는지 물어보았으나 신통한 대답이 없다.

한참을 머뭇거리다 한 무리의 산객들이 북문을 들어서더니 냉큼 둘러쳐진 밧줄 펜스를 넘고 철조망까지 넘어 유유자적하게 길을 들어서지 않는가. 위험 구간이라는 것은 익히 아는 터이고 입산통제 과태료는 물 생각으로 우리도 뒤를 따른다. 처음엔 작은 암벽구간은 오르는데 어렵지 않게 진행된다.

염초봉

잠깐 숨을 돌리는 사이에 앞선 산객들이 어디론가 사라지고 우리는 염초1봉 직벽을 만난다. 염초1봉의 모습을 이모저모 뜯어봐도 내 실력으론 장비도 없이 오르기는 어림도 없다. 절벽길 바위에 앉아 앞 능선을 바라보며 진초록 산 그림에 취해 있는데 젊은 산객 부부가 올라오더니 그 직벽을 타기 시작한다. 넋을 놓고 구경꾼이 되고 만다. 배낭 속 디카를 꺼내 허락 없이 셔터를 눌러댄다. 아, 나도 언젠가는 타고 싶다. “꼭 타고 말테다." 하고 나도 모르게 독백한다.

직벽을 우회하며 그 부부산객이 얼마나 부러운지 그 모습이 오래도록 뇌리를 떠나지 않는다. 계곡 길 너럭바위에서 K형과 함께 컵라면과 막걸리로 시장기를 때운다. 염초봉 직벽 아래에서 보았으니 입문은 이미 한 셈이니 염초봉의 정기나 좀 받아볼 요량으로 한 시간여 쯤 쉬었다.

우회하다 보니 내 실력으로 오를 수 있을 것 같은 염초봉으로 이어지는 암릉 능선이 나타난다. 약수릿지 길이다. K형과 함께 한번 릿지를 해보자고 하며 도전을 한다. 조심조심 암벽을 끙끙대며 30여 분 걸려 올랐으나 위험구간이 앞길을 막는다. 더 이상 진행하기가 어렵다. 올라 온 암릉 길을 내려 갈 것을 생각하니 걱정도 된다. 절벽 상단에 걸터앉아 한숨만 쉬어 대는데 만경봉 상공에 헬기가 뜬다. 아마 사고인 듯싶다. 산행 시 제일 중요한 것은 안전산행인데 우리도 그걸 간과하고 장비 없이 우리 실력으론 무모하게 덤벼댔으니, 아직도 젊은 피가 혈관에 흐르고 있는가!

내려오려는데 저 아래에서 네 분의 산님이 릿지로 오르는 모습이 눈에 띈다. 여성 산님도 한 분 끼어 있다. 내려가려던 발걸음을 멈추고 인사를 나누고 초보도 이 길을 오를 수 있는지 조언을 구해보나 장비도 없이 불가능하다. 리더 한 분은 경험이 많고 나머지 세분은 초행 같았다. 리더의 안내로 산님들이 어렵게 자일을 이용하여 오른다.

우리도 어렵게 암벽과 나뭇가지에 살갗을 긁혀가며 올라왔던 길을 내려와 여우굴로 향한다. 얼마쯤 올라가니 3m 정도의 직벽에 로프가 매달려 있다. 그리고 그 위에 몇 분의 부부 산님이 걱정스런 모습으로 내려다보고 있다. 그 분들은 하산 중이었다. 몸이 가벼운 내가 먼저 로프에 몸을 싣는다. 직벽에 로프 위치도 좋지 않아 오르기가 쉽지 않다. 겨우 올랐다. 그런데 K형이 걱정이다. 다른 한 여성분이 도전해 보지만 K형도 어려운데 여성분은 더 어렵다.

내려가는 산객들과 올라오는 산객들이 한참을 서 있는데 어느 산객 한 분이 내려오며 "로프 타지 말고 여우굴로 내려가세요."한다. "여우굴이 어디 있는데요?" 하고 묻는다. "바로 등 뒤에 있잖아요." 아 말로만 듣던 여우굴이 바로 이 굴이었나? 나만 로프를 타고 올라온 탓에 '여우굴 체험'을 못했다.

여우굴을 벗어나자 고생했다고 금낭화가 반갑게 맞이한다. 쇠줄 난간을 오르니 바로 백운봉 정상에 닿는다. 인수봉엔 암벽 클라이머들이 여러 명 매달려 있다. 오늘은 난공불락일 것만 같은 염초봉을 공략(?)해 볼 생각을 처음으로 가진 날로 기억될 듯하다. 북한리에 들러 두부김치에 막걸리로 하산주를 들며 얘기꽃을 피우다보니 삼각산도 옆자리에 동석하여 싱그럽게 웃고 있다.

11. 나비야 청산가자, 님 보러 가자
-영동 삼도봉-

요즘 푸르른 산은 입산(入山)하지 않고 산 아래서 바라보는 것만으로도 마음이 편안하고 가슴 속까지 시원하다. 뿐만 아니라 일상생활에 바쁜 주중엔 짬을 낸 고마운 산님이 대신 산을 다녀와서 전자그물망(인터넷)에 띄운 산 그림만 보아도 마음은 벌써 한 마리 나비가 되고 산새가 된다.

아~초록빛 산상의 향연이 이렇게 펼쳐지니 산의 위용이 새삼스럽게 가슴 속을 파고든다. 산은 늘 그 자리에 부동의 자세로 서 있건만, 계절 따라 우리 인간에게 주는 감동의 선물은 신선하다. 폭설에 파묻힌 산 계곡, 구름과 안개 속의 산자락, 빗속의 산허리, 맑은 날의 산정상 등 자연과 어우러진 산의 여러 모습은 시시각각으로 산객의 마음을 유혹한다.

겨울 모진 바람과 추위를 이겨 내며 산비탈에 섰던 나목들이 이내 새순을 피우고 이젠 진초록 녹음을 만들어낸다. 누구의 작품인가! 자연이란 신의 작품일 것이다. 이렇듯 자연은 윤회와 섭리를 인간에게 보여준다. 산은 마음 심란할 때 용기와 격려를 내려주고, 가슴 시린 날에도 품고 있던 햇살 한줌을 슬며시 가슴속에 넣어주어 온기를 불어넣는다.

산은 필자에게 바쁜 일상생활 속에서 삶의 속도를 조절해 주기도 하고, 가속 페달을 밟도록 격려와 용기를 주기도 한다. 또 삶의 지혜를 가르치기도 한다. 그래서 산은 나에겐 참으로 위대한 스승이며 종교이기도 하다.

이 늦은 봄날, 오늘은 필자에겐 의미 있는 날이다. 작년 11월 초에 우리나라에서 제일 활발한 산님(산을 사랑하는 님)들의 전자그물망 쉼터인 〈한국의 산하〉에 신입회원으로 가입한 이래 얼굴을 숨기고 필명으로 인연을 맺어오던 산님들과 실제 대면하며 산행을 함께하는 뜻 깊은 날이다. 어찌 들뜨지 않고 평상심을 견지할 수 있겠는가. 이른 새벽 서둘러 사당역에 도착하니 산하 산님들이 반갑게 맞이한다. 산하 관리자님과 운영자님 그리고 여러 산님들과 인사를 나누었다.

인사를 나눈 후 버스에 몸과 마음을 싣고 충북 영동의 물한계곡(勿寒溪谷)을 품고 있는 민주지산(岷周之山)으로 향한다. 오늘은 전국 각지에서 회원님들이 모이니 물한계곡의 폭포들도 반갑다고 우렁차게 물 내리는 소리를 키운다. 물한골 숲 속의 나무와 야생화들까지도 방긋방긋 웃음을 선사하며 반갑게 눈맞춤 한다. 경부 고속도로를 달리는 버스 안은 정담을 주고받는 산님들로 화기애애하다.

황간 나들목을 들어서고 49번 지방도로로 접어드니 어느덧 물한계곡 주차장이다. 이미 전국 각지에서 도착한 산님들로 주차장 또한 만원이다. 서로 오랜만에 만나서인지 기쁨이 얼굴마다 빵빵하게 배어난다. 간단한 인사와 진행 절차가 설명되고 곧 산행이 시작된다. 신참인 나는 아내와 후미 조의 일원이 되어 물한계곡 숲길에 들어선다.

물한계곡은 삼도봉(三道峰) 북쪽 기슭에 숨어 석기봉(石奇峰), 민주지산과 각호산(角虎山)으로 에워싸여 그 골이 깊다. 5km쯤의 계류와 비경이 여름 피서지로 각광을 받을 만하다. 물한골은 하늘을 감춘 채 우거진 숲 속 길만 계류와 함께 길을 내 준다. 숲 속 길 따라 펼쳐지는 향연을 즐기다 보니 어느덧 비경 속에 빠져든다. 상류로 올라갈수록 기암과 어우러진 작은 폭포들의 비경이 빼어나다. 계곡물이 너무 차가워서 '물한(勿寒)'이라 하였는가. 황룡사에서 무지개소(沼)까지의 계곡 경치가 일품이다.

민주지산(1,242m)은 우측엔 삼도봉(1,177m)과 석기봉(1,200m)을, 좌측으론 각호산(1,176m)과 한 무리를 형성한 채 부챗살 모양을 그리며 1,000m가 넘는 네 개의 산봉우리를 갖고 있는 명산이다. 의용골 폭포, 음주골 폭포 그리고 장군바위 등 빼어난 절경들이 숨어 있다. 원래 종주산행은 삼도봉-석기봉–민주지산–각호산까지 둘러야 하지만 오늘 산행은 회원들과의 만남이 더 중요한지라 뒤풀이 정담시간을 할애하고자 진행위 측에서 간소하게 삼도봉과 석기봉 연계산행 후 원점 회귀하는 코스로 계획했다. 민주지산과 각호산까지의 종주는 후일로 미룬다.

산을 오르며 아내와 산 이름에 대해 얘기하던 중 '민주지산'은 넉자로 되어 흔치 않은 이름이라며 넉자로 된 산 이름을 기억해본다. 곰곰 생각해 보니 정선의 '가리왕산', '남덕유산', 선운산의 '개이빨산' 그리고 경기도 이천의 '도드람산' 정도밖에 기억해 낼 수 없다. 다섯자로 된 산이라면 평창의 '고루포기산' 정도이다. 그러고 보니 산 이름도 꽤 독특하다.

최ㅇ영 선배님과 오순도순 얘기하며 산길을 오르는데 아내가 자꾸 쳐진다. 그런데도 선배님은 격려를 해주시며 산길을 인도해주신다. 삼마골재 계단길을 오르니 이내 삼도봉 정상에 이른다. 백두대간의 길목, 삼도봉은 태백준령의 한줄기가 소백을 거쳐 추풍령고개를 넘고 내려와 삼도봉을 지난다. 백두대간의 길목인 셈이다.

삼도봉 정상에 서니 정상석 대신 '삼도봉 대화합탑'이 우리를 맞이한다. 삼도봉은 이름처럼 충북의 영동, 전북 무주 그리고 경북 김천 이렇게 삼도가 만난다. 지역감정을 다스리고 삼도의 화합을 다지는 의미로 삼도봉 정상에 이 탑을 세운 모양이다. 어느 가수의 '화개장터' 노래 가사말도 지역감정 타파를 노래한다.

작은 국토의 나라에서 과거 지역감정의 슬픈 역사를 보는 듯해 마음 한 구석이 씁쓸하다. 지역감정은 선거 때만 되면 몹쓸 사람들이 많은 정치집단에서 만들어내는 유행병이지 우리 국민은 지역 차별 감정이 없지 않은가. 우리네 산님들 역시 지역 차별 감정이 없기는 마찬가지일 것이다.

단체사진

석기봉 아래에서 정상을 바라보니 두 개의 바위봉이 영문 글자 M자형을 하고 우람하게 서있다. 정상에 서니 조망이 좋다. 무주방향과 영동 방향의 계곡이 편안하게 시야에 들어온다. 민주지산의 산무리 중 제일 빼어난 봉우리가 아닌가 싶다. 북동쪽으론 황악산이, 동남쪽으론 가야산 그리고 서남쪽으론 덕유산이 자리하고 있다. 눈 아래 삼도봉으로 이어지는 능선 길과 물한계곡 모두 초록빛 세상이다.

초이스님과 선발대가 되어 석기봉에 오른다. 초이스님은 처음 만나지만 길을 앞서거니 뒤서거니 석기봉을 오르면서 얘기를 나누다 보니 화통한 성격에 마음을 이내 내준다. 산길을 오르내리며 삼삼오오 팀을 이뤄 도란도란 얘기꽃이 핀다. 취미가 같은 동호인의 모임은 서로 부담이 없고 친근감이 넘쳐나고 남녀노소를 뛰어 넘기도 한다. 만나면 반갑고 산 이야기로 풍성하다. 산에서 내려와 물한계곡 주차장에 뒤풀이 전을 편다.

12. 황금오리, 삼각산 문수봉에 서다

-삼각산-

'엘레인 제임스'는 그의 저서, 〈우리는 너무나 복잡하게 산다〉라는 글에서 '삶의 단순화'에 대해 피력한다. 삶의 규모를 줄이고 평온함을 추구하며, 복잡함을 떨쳐 버리고 동분서주하는 바쁜 삶에서 벗어나 시간적 여유를 갖고 살자고 설파한다. 뭔가 쫓기는 듯한 요즘 바쁜 일상이 왠지 싫다. 그래서 주말을 그렇게 더욱 기다리는지도 모른다. 주말엔 훨훨 털고 산과 벗할 수 있기 때문이다. 몇 년 전부터 단순한 삶을 동경하며 주위를 많이 정리했음에도 아직도 많은 물건과 생각들을 끌어안고 살아가는 나를 보면 한심하기조차 하다.

일주일 전에 '따릉, 따르르릉" 전화 한 통화를 받았다. 정읍에 사는 절친한 친구 숫 황금오리가 일주일 후 서울에 유학 보낸 딸도 볼 겸 연휴 때 상경하니 산행이나 같이 하자는 반가운 전화다. 5년 전쯤 인가. 필자가 산행에 막 취미가 붙어 주말마다 산과 벗삼을 때 숫 황금오리 왈, “산에 올라가면 내려올 걸, 뭐 하러 그리도 열심히 산을 오르는가?” 하며 산과는 담을 쌓던 친구다.

세상에 변하지 않는 것은 진리의 말씀 말고는 없는 것 같다. 시절은 춘하추동 사시로 변화하고, 인생은 생로병사로 돈다. 숫 황금오리의 취향도 변하는 걸 보며 세상만사가 변화하는 이치를 본다. 친구 부부는 1년 전부터 산행에 맛을 들여 지금은 매주 일요일마다 산행을 즐긴다. 매주 월요일이면 지난 일요일엔 불갑산을 다녀왔다는 등 전화로 자랑이 대단하다.

지난가을 상경시엔 검단산을 동행했다. 그 후 정읍에 내려가 내장산과 선운산을 함께 산행을 하기도 했다. 그러나 이번엔 친구에게 삼각산을 자랑하고 싶은 생각에 일주일 내내 머릿속에 어느 코스로 산행 할까 하고 궁리를 많이 했다. 백운대도 보여주고 싶고, 의상능선도 걷고 싶고, 산성 12성문 일주도 하고 싶고 일주일 내내 틈만 나면 어느 코스로 할 것인지 삼각산 산행 코스를 점검했다. 최종 코스로 의상능선을 타고 문수봉에 올라 사모바위와 비봉을 거쳐 향로봉으로 하산하는 코스로 잠정 결정을 내렸다. 그 코스라면 백운대, 노적봉 등 삼각산의 조망을 제대로 할 수 있고, 의상능선의 릿지 맛도 조금 가미할 수도 있고 또 12 성문 중 다섯 성문은 볼 수 있는 코스라 최적의 코스라고 여겼기 때문이다.

일요일 아침 구파발 역에서 만나 산성매표소를 들머리로 두 가족이 상쾌한 마음으로 출발한다. 산행 하루 전에 갑자기 두 집의 딸아이들의 동참이 결정되어 코스를 의상봉을 우회하는 코스로 변경한다. 의상봉 쇠줄 오름길을 버리고 대서문을 지나 범용사를 끼고 오솔길로 접어들어 국녕사 오름길로 접어든다.

국녕사 오름길은 한적하고 도란도란 얘기를 나누며 오르다 보니 국녕사 야외 부처님이 선정에 든 채 우리를 맞는다. 국녕사는 조계종 직할 교구인 조계사의 말사로서 1713년(조선 숙종 39년)에 세워진 사찰이다. 지금은 몇 년 전에 능인선원에서 야외불상을 조성하는 등 불사를 일으켜 현재의 국녕사 모습을 갖추었다.

국녕사의 모습은 전통적인 사찰 모습과는 다른 느낌으로 다가온다. 야외 부처님 뒤편으로 유리관에 삼천여 점(?)의 작은 금불상이 안치되어 있는 모습이 특이하다. 절 입구 산모퉁이엔 이 절에서 수행했던 한 고승, 한월당 대선사의 부도비가 덩그렇게 홀로 서 있다. 절집을 구경하며 잠시 흐르는 땀을 식히고 다시 의상봉 능선길을 오른다. 눈썹바위가 의상봉을 등에 업고 초록의 바탕색을 배경으로 적당하게 자리하며 국녕사를 내려다본다.

능선에 올라서니 용출봉의 바위 살갗이 신록에 묻혀있다. 용출봉 정상에 서서 삼각산을 바라본다. 아름다운 조망이다. 지리산이나 덕유산의 품이 광대하다면 이곳 삼각산의 풍광은 잘 다

져진 미스터 코리아의 근육 같다. 노적봉의 단애가 수문장처럼 딱 버티고 있는 모습과 염초능선과 백운대의 정경이 한 폭의 진경산수화다.

삼각산오리

황금오리 부부도 가쁜 숨을 몰아쉬며 용출, 증취, 나월, 나한봉을 넘는다. 딸아이들도 문수봉 오름길을 잘도 오른다. 저것은 강아지 바위, 할매바위하며 설명을 해대는 필자는 마치 삼각산이 내 산인 양 해설이 길어진다. 문수봉 아래 암릉 길을 릿지하며 내려서면서 황금오리 부인이 한마디 한다. "아이구, 방광이 떨리네". 오줌을 저린다는 뜻인지, 오금이 저린다는 뜻인지 표현이 의사(doctor)답게 고상하다.

문수봉에서 기념사진을 찍고 문수 암벽길을 버리고 사모바위를 향해 길을 걷는다. 연휴 때문인지 산객들이 멀리 지리산과 설악산의 너른 품을 찾아갔는지 가뭄에 콩 나듯 인파가 그리 많지 않다.

딸아이 하나가 다리가 아픈가 보다. 다리가 후들거린단다. 아이들 생각은 하지 않고 이번 산행코스를 너무 무리하게 길게 잡았다고 아내의 핀잔을 듣는다. 코스를 바꾸잔다. 그래서 할 수 없이 비봉길을 버리고 삼천사 계곡으로 내려선다. 오늘만 날인가. 다음 산행 땐 백운대도 가고 염초봉 샛길도 가고, 진달래 능선도 보여 줘야지. 또 여우굴도 체험해보고… 삼천사를 둘러보고 땡볕을 걸어 기자촌 삼거리 왕순대집에 들러 하산주 한 잔으로 오늘 하루 산행을 결산한다.

13. 구천동계곡은 33 비경을 품고
-덕유산-

예나 지금이나 구천동계곡 길에 들어서면 울울창창한 숲길과 '돌돌돌' 돌 구르는 계곡 물소리는 이곳이 바로 선계(仙界)임을 말해준다. 마음을 씻지 않고는 이 길을 걸을 수 없을 것 같다. 나도 모르게 '아' 하는 탄성과 함께 폐 속에 남아 있는 마지막 숨까지도 뱉어내고, 짙은 숲 향으로 대신 채운다.

나제통문(羅濟通門)으로부터 백련사(白蓮寺)에 이르는 20여 km의 굽이치는 계곡 길은 심산유곡의 33 비경을 감추고 나그네를 맞는다. 40년 지기 여섯 가족이 서울, 익산, 정읍 그리고 전주에서 모여들어 무주리조트 콘도에서 밤새도록 웃음꽃을 피우고, 늦은 아침식사를 마친다. 한 팀은 삼공리매표소를 들머리로 인월담과 안심대를 거쳐 백련사 천왕문을 통과 향적봉(덕유상봉, 1,614m)을 오른다. 나머지 한 팀은 곤돌라를 타고 설천봉으로 해서 향로봉에서 만나기로 한다.

막 매표소를 통과하자 졸참나무, 까치박달, 야광나무가 섞여 숲 터널을 만들고 도열해 있다. 층층나무, 신갈나무, 산딸나무 그리고 물푸레나무도 얼굴을 내밀고 맑고 신선한 숲 향을 선사한다. 사자담, 구월담을 휘감아 쳐 내리는 계류는 백련사까지 5.5 km를 동행하며 하얀 포말을 만들어 내려 보내고, 계곡의 돌은 서서 물소리를 듣는다. 계곡이 깊어 수량도 풍족하다. 계류는 노래하고 나무들은 청중이 된다.

오늘은 나그네도 심산유곡의 한 가족이 되어 풍류도인이 된 듯하다. 이 선계를 노닐고 있으려니 잠시나마 모든 세속의 시름이 녹아난다. 안심대를 지나 구천동계곡의 28경인 구담폭포를 만난다. 2단 폭으로 물줄기를 휘감아 돌리며 흐르는 물줄기가 바위에 맞아 졸도를 하더니 이내 깨어나 돌돌거리며 노래를 계속한다.

산문에 들어선지 한 시간 반 남짓 지나 백련사 일주문을 만난다. 계단에 올라서니 천왕문이 절집 수문장을 맡고 있다. 향적봉을 머리에 이고 가부좌를 튼 채 다소곳이 앉아 있는 대웅전 법당에선 중년의 스님 한 분이 염불을 독송하고 있다. 방해하지 않으려고 발뒤꿈치를 들고 절 마당에 들어선다. 절집 약수 한잔으로 목을 축이고 요사채 위 등로로 발길을 옮긴다.

여기서 향적봉 정상까진 2.5 km의 산길이다. 계단이 많아 오름길이 편안하지가 않다. 앞서거니 뒤서거니 하며 계단 길을 오른다. 구슬 같은 땀은 주체할 수 없을 정도로 흐른다. 숲 속 태양은 따가운 빛을 발산하지만, 머리 위로 울창한 산림에 가려 빛이 조각나 있다.

7부 오름길 쉼터에서 잠시 쉬는데 익산의 정카수가 나지막하게 노래 한 곡을 선사한다. 역시 언제 들어도 꾀꼬리 소릴 닮았다. 그러나 저 지난겨울 내장산 까치봉에서 듣던 그녀의 예전 목소리보다는 조금 쉰 듯하다. 세월이 흐른 탓인가, 아니면 어젯밤 과음 탓일까?

지루한 계단길을 오르면 8부 능선에서부터 주목이 눈에 띈다. 구상나무는 빙하기의 역사를 간직한 화석나무라는데 최근 지구의 온난화 현상으로 거의 고사하여 도태과정에 놓인 듯하다. '생천년, 사천년' 한다는 주목나무와 키 작은 침엽수가 고산지대임을 말해준다. 햇볕이 따갑다. 그러나 지대가 높아질수록 바람의 세기가 강하다.

향적봉 정상엔 산객으로 꽉 차있다. 우리 2진 팀도 곤돌라를 타고 설천봉을 거쳐 이미 도착해 있다. 삼삼오오 그룹을 지어 기념사진 박기에 분주하다. 정상에서 바라보니 중봉을 향한 오솔길이 어서 오라고 손짓한다. 정상에 서니 지리산 천왕봉이 구름 속에 아스라이 가려 있고, 삿갓봉이 뾰족하게 삿갓을 쓰고 있다. 그 뒤에 남덕유산이 손에 잡힐 듯 그리 멀지 않게 조망된다. 일행을 따돌리고 능선길을 종주하고 싶은 욕망이 불처럼 일어나나 후일을 기약하는 수밖에.

남서 방향으로 눈을 돌리니 대둔산과 가까이 적상산이 다가온다. 청명한 날씨 탓인지 조망이 좋다. 산님 중에 비구니 두 분이 눈에 띈다. 아마 우리 2진 팀처럼 곤돌라를 타고 설천봉을 경유해서 향적봉 정상까지 온 듯하다. 정상의 바람은 세서 여승의 밀짚모자를 날린다. 그걸 보고 나도 모자 끈을 동여맨다.

시장기가 들어 전을 펼만한 자릴 찾는다. 땡볕만 내리쬐어 여성 가족 때문에 그늘을 찾아보지만 열 명이 빙 둘러앉을 만한 곳을 찾기가 그리 쉽지 않다. 설천봉 방향으로 내려와 숲 속에 먹자전을 편다. 컵라면과 찰밥이 금방 동난다. 어젯밤에 먹다 숨긴 소주 한 병이 인기가 이렇게 좋을 줄이야.

덕유산 설천봉

오솔길을 내려오니 설천봉 팔각정 상제루가 고풍스럽게 서있다. 설천봉 쉼터에서 마시는 산상의 생맥주 한 잔의 맛이 폐부까지 시원하다. 땀은 이미 식고 바람은 세게 불어 배낭에서 윈드 재킷을 꺼내 입는다. 산책로를 따라 내려가자는 사람, 곤돌라를 타고 가자는 사람 의견이 분분하다. 땡볕이라 일행 모두 곤돌라를 타고 하산한다.

40년 지기들이 헤어지기가 섭섭하여 구천동 심곡마을 계곡에 차를 세우고 도란도란 옛 이야기하며 탁족을 즐기니 30여 분이 금방 지나간다. 무주읍 금강식당의 '어죽' 맛이 일품이라고 하며 선도차가 계곡의 비경을 벗어나고, 우리도 비경을 뒤로하고 어죽 맛을 보러 선도차를 따른다.

14. 숨은 벽 꿈길 속으로

-삼각산 숨은 벽-

아련한 젊은 날의 추억을 함께하는 친구들과의 만남은 그 자리가 술자리든 경조사에서 만나든 그 시절의 추억의 보따리를 푸는 게 마냥 즐겁다. 만나고 헤어지고, 또 만나면 반가운 35년 지기들의 얼굴들이 구파발역 인공폭포 앞에 하나 둘씩 모여 그동안의 안부를 묻는다. 35년 전 같은 전공을 이유로 우리는 4년 동안 함께 같은 하숙방에서 뒹굴기도 하고, 밤늦은 캠퍼스 도서관에서 책과 씨름하기도 했다. 그 보다 세상을 격분하며 얼마나 많은 격론의 밤을 지새웠던가. 학교 앞 주막 막걸리 파티에 더 많이 동석했던 벗들이다. 이젠 몇 년 전부터 세월이 그리고 세상이 우리를 정기적으로 두 달에 한 번씩 산행하는 모임으로 만들어버렸다.

사기막골 매표소를 들머리로 숨은 벽을 만나러 간다. 모두 숨은 벽은 초행길이다. 삼각산 숨은 벽은 삼각산 여러 코스를 섭렵하고 난 후 나중에 길을 내 주는 곳이 아닌가 하는 개인적인 생각을 해본다. 이젠 '숨은 벽' 을 만나고 나면, 나에겐 꿈길 속에서나 만나던 '들킨 벽' 이 될 것이다.

능선을 치고 오르니 한 떨기 애기나리가 반갑게 눈인사를 한다. 산행 보조를 맞추느라고 오름길에 자주 쉬다 보니 종아리 근육이 좋아한다. 내쉬는 숨소리도 조용하다. 녹음으로 우거진 숲 속 길은 조망을 감추고 구름 낀 하늘조차 보이지 않는다.

요즘 회사일로 지친 친구 Y가 해골바위 아래 숲 속 바위에서 참선(參禪)이나 할 테니 먼저 올라갔다가 내려오라며 고집을 피우는 바람에 원점회귀 산행으로 바뀌어 버린다. 조금만 올라가면 해골바위도 만나고 숨은 벽을 조망하는 좋은 조망처가 나타난다고 회유해도 오늘은 막무가내다. 그러고 보니 그 친구 얼굴색이 예전하고 다르게 지친 표정이 역력하다. 같이 올라 숨은 벽도 보고 바람골의 바람도 쐬면서 백운대 정상에서 지나온 숨은 벽을 내려다보기는 이젠 다 틀렸다.

나머지 일행은 땀을 흘리며 해골바위 암릉 길을 오른다. 해골바위를 지나 경사 40도 정도의 바위를 타고 오르니 숨은 벽 능선이 좌로 인수봉, 우로 염초능선을 대동하고 깎아지른 대 슬랩 암벽을 드러내놓고 자세를 낮추고 몸을 숨긴 채 용이 되어 등천(登天)하고 있다. 눈을 들어 좌측을 보니 상장능선이 삼각산의

숨은벽 꿈길

좌측을 받치고 균형을 잡아준다. 숨은 벽은 삼각산의 숨은 진주 같다. 숨은 벽 능선 초입에서 발길을 돌리는 아쉬움을 접고 "가까운 시일 내에 다시 와서 뵙겠습니다." 독백하며 하산길을 서두른다.

숲 속에서 기다리는 친구를 만나 숲 속에 자리를 펴고 시장기를 때운다. 친구 K의 부인이 정성들여 만들어 온 김밥과 일동 막걸리 다섯 병이 금방 동나고 얘기꽃을 피우다가 밤골 계곡으로 하산한다. 계곡의 물이 줄어 숨소리가 고요하다. 탁족을 간단히 즐기고 효자비로 내려선다. 개울가 노천 음식점에 다시 자리를 잡고 시원한 맥주로 하산주를 들며 타임머신을 타고 다시 추억 속의 여행을 계속한다.

졸업과 군 생활을 마치고 기업체 임직원으로, 은행 지점장으로, 공무원 신분으로, 아직도 현역에서 바쁜 사회생활 속에서 두 달 만에 한 번씩 하는 산행 만남이 반갑고 즐겁다. 이젠 하나씩 현역 은퇴라는 단어가 조심스럽게 화제에 오르고 노후생활과 창업 이야기가 술자리의 메뉴로 등장하기도 하지만, 주 메뉴는 학창 시절의 하숙집 주인 딸의 정성어린 밥상 얘기, 고무신 이야기, 팬티 사건 등과 영문과 혜숙이와 짝사랑 이야기 등 몇 번씩이나 다시 들어도 새롭기만 한 젊은 날의 로맨스가 되어 우리를 즐겁게 한다.

그녀의 유혹, 12선녀탕 Ⅲ

1. 구슬프게 울어대는 백운대 까마귀
-삼각산 숨은벽-

이른 새벽에 "숨은 벽 구경시켜 줄께. 갈 거야, 말 거야?" "또 내일 검단산-용마산 종주 약속했다며…" 꿈나라를 여행 중인 아내를 깨워 함께 숨은 벽을 가고자 애걸해 보지만(지금 한 살이라도 젊었을 때 못 가면 '숨은 벽' 은 아내에겐 '들킨 벽' 이 아닌 영원히 '숨은 벽' 이 될 것이다)

시간만 낭비한다. 동행을 포기하고 몇 숟가락 뜨는 둥 마는 둥하고 배낭을 꾸려 이른 새벽 나홀로 올림픽공원역을 출발한다. 중국 최초의 노벨문학상 수상자인 '가오싱젠' 의 〈영혼의 산〉을 읽다가 3호선 지하철 환승역인 종로3가를 놓치고 세 정거장을 회차하여 다시 3호선으로 갈아탄다. 지하철 3호선 '종로

3가' 플랫폼에 서서 지하철을 기다리며 액자에 걸어 놓은 한양대 정민 교수의 '공평' 이란 제목의 글귀에 눈길을 주니 늘 주변을 정리하며 버리는 삶을 살고자 하면서도 아직도 많은 것을 끌어안고 사는 '욕망의 나' 를 다시 한 번 반조하게 된다.

공 평

뿔이 있는 소는 날카로운 이빨이 없다
날카로운 이빨을 지닌 범은 뿔이 없다
날개 달린 새는 다리가 두 개 뿐이다
예쁜 꽃치고 열매가 변변한 것이 없다
열매가 귀한 것은 대개는 꽃이 시원찮다.
좋은 것만 골라서 한 몸에 다 지니는
이치는 어디에도 없습니다
뛰어난 재주와 부귀영화는 함께
하지 않는 경우가 더 많습니다
한꺼번에 누리려 하지 마십시오
지금 가졌던 것마저
잃을 수도 있습니다
다 가지려 들지 마십시오
손에 든 것을 놓아야
새 것을 쥘 수 있는 법입니다.

구파발역까지 가는 동안 내내 '욕망, 집착' 등의 단어들이 내 뇌리를 파고든다. 역을 내려 김밥 한 줄을 사서 배낭에 넣고 704번 송추행 버스에 몸과 '화두(話頭)'를 싣고 효자비에서 내린다. 여느 때보다 이른 시각이라서인지 나 홀로 하차하여 효자비를 들머리로 무거운 화두를 짊어지고 한적한 숲 속 오솔길을 걷는다. "인생이 다 그런 거여!" 친구 최 원장이 동행한다면 아마 한마디 툭 던졌으리라.

간이 이동매표소에서 입장권을 사고 한참을 올라가니 앞서 걷는 산님 한 분을 만난다. "안녕하세요. 이른 산행하시네요." "네, 안녕하세요?"하며 뒤돌아보는 산님을 보고 나는 깜짝 놀랐다. "어~ 할머니가, 어디까지 가십니까?" "백운대요." "예에, 연세가 어떻게 되세요?" "일흔 여덟이에요." "대단하십니다, 그 연세에 그리 산을 잘 타시니요." "이 길 백운대 가는 길 맞지요?" "예, 조심해서 천천히 안전하게 오르세요, 먼저 가겠습니다." '내가 저 할머니 나이에 이 산을 저렇게 오를 수 있을까? 아니 아내가 저 할머니를 만났어야 했는데' 생각하며 발걸음을 재촉한다.

날씨가 스모그가 끼어 하늘이 맑지 않다. 요즘 가물어 계곡도 바짝 말라 있다. 생선 비늘처럼 촘촘한 숲 속 오솔길과 가물어 우수에 젖어 있는 계곡 길을 넘나들며 흐르는 땀을 닦기 위해 너럭바위 위에서 잠시 쉰다.

지난주에 본 숨은 벽은 아직도 승천하지 않고 내 '영혼의 산'으로 남아있다. 바람골로 우회하며 너덜길을 오른다. 대동샘에서 목을 축이고 호랑이굴을 만나 잠시 주변을 둘러본다. 백운대 까마귀가 발정기에 접어들었는지 아니면 위험구간을 알리느라고 그러는지 내 머리 위를 맴돌며 구슬픈 소리로 요란스럽게 울부짖는다. 위험 경고문을 무시하고 굴 입구에서 배낭을 벗어 밀어 넣고 몸을 구겨 넣는다. 다시 배낭을 앞으로 메고 굴 속의 바위를 피아노 치듯 내려서서 굴 밖으로 나오니 피안(彼岸)의 세계가 펼쳐진다.

삼각산 인수봉

숨은 벽 정상이 바로 코앞에 서 있고 인수봉 또한 설교벽을 거느린 채 위용을 뽐내고 가까이 있다. 백운대 정상에서의 조망만 즐기다가 호랑이굴 전망바위에서의 조망을 즐기니 그 맛이 다르다. 위험구간엔 그 보상으로 아름답고 빼어난 조망을 숨기고 있나보다.

백운대 정상엔 태극기와 함께 산님들로 꽉 차 있다. 설교벽, 숨은 벽을 보다가 염초봉에 시선이 꽂히니 "말바위까지 한번 가 봐" 나도 모르게 행동으로 옮기고 있었다. 바위 길을 릿지하며 가능할 듯싶다. 그러나 나처럼 역으로 하산하는 산객은 없다. 말바위 암벽길을 지나온 산님 일행이 지나면서 "역으로 가시게요?"하며 걱정스런 눈길을 준다. "그래, 안전산행이 최고야." 독백하며 가던 길을 접고 백운대 뒷길로 다시 돌아와 숲 속에서 캔 맥주 한잔으로 위로주를 든다.

여우굴 체험을 하고 약수릿지 능선을 곁눈질하며 염초1봉 직벽 아래에서 또 발길을 멈춘다. 한번 직벽을 타 볼까. 한참을 망설이다 직벽길을 내려서니 산나리가 위로를 한다. 북문을 거쳐 원효봉에 오르니 정상이 텅 비었다. 웬일일까? 아마 더운 날씨 탓이라. 계곡으로 다 피서를 간 탓일까? 혼자 터벅터벅 산길을 내려서며 이 생각 저 생각으로 더위를 쫓아본다. 정적에 싸인 원효암 경내를 둘러보고 시구문(屍軀門)을 내려서며, 조선시대 성안 사람들의 시신이 이 문을 통해 귀천(歸天)했던 길을 살아서 통과하는 나를 본다.

2. 자신을 찾아 떠나는 우중(雨中)산행

-검단 · 용마 · 남한산 종주-

금년 여름도 땡볕에서 무더위로 본색을 드러내며 농익어 가더니 어느덧 장마철에 접어들었다. "후두두둑, 후두두둑" 검단산 용마산 가는 산길에서 갈참나무 잎에 떨어지는 장맛비 소리는 조용한 숲 속의 적막을 깬다. 산새 소리도 숨을 죽이고, 오직 빗소리만 귓전을 때리고 산 길 걷는 나그네는 그저 귀만 열어놓고 땀으로 미역을 감을 뿐 무심(無心)으로 걷는다.

가끔 지난 세월의 추억들이 스쳐가지만 잠시 일뿐, 번뇌 망상으로 치부되어 이내 사라진다. 오호라. 이를 일러 활선(活禪)이라 하는가. 전국에 장맛비가 60~100mm 정도 내린다는 일기예보를 아랑곳하지 않고 여느 주말처럼 배낭을 둘러메고 집을 나선다. 산 중독이 아닌지, 집착을 떼고 살겠다는 의지가 물 건너간 것인지 반조의 시간을 갖고도 싶다.

허나 산문에 들면 모든 속세의 망상들이 어디론가 사라지고 오직 숲 속의 행복만 찾아드니 이 즐거움을 어디다 비기랴. 울창한 나무와 한 떨기 청초하게 피어 있는 야생화가 반갑게 인사하는 숲 속의 행복이 마냥 좋기만 하다. 속세에서 얻은 부나 명예 같은 것은 너무 하찮다는 생각이 든다.

자연만큼 우리에게 겸허함을 가르치는 교과서는 없다. 〈아메리카 인디언의 멸망사〉를 보면, 인디언은 아이를 키울 때 자주 평원이나 숲 속에 홀로 갖는 시간을 많이 배려한다고 한다. 그래서 아이들로 하여금 자기 자신의 목소리에 귀를 기울이도록 훈련을 시킨다. 홀로 자기 자신과 만나는 시간을 많이 갖지 못하는 사람은 그 영혼이 중심을 잃고 헤매게 되기 때문에 어렸을 적부터 혹독한 연습을 시키는 셈이다. 그러한 방법이 그네들의 삶의 지혜다.

하남 안창모루 들머리를 들어서면서부터 인적이 끊기고 오직 비바람만 동행한다. 안부를 지나 전망바위에 서서 저 멀리 한강을 바라보지만 안개와 운무에 가려 10여m 앞도 보이지 않는다. 산과 강이 모두 안개 비 속에 녹아나고 있다. 검단산 정상에서 바라보는 산 아래 인간세계는 잠들어 있다.

줄기차게 내리는 빗줄기와 운무에 발걸음은 더디지만 고추봉 가는 길로 접어든다. 검단산 정상까진 댓 명의 산님들을 만났지만 지금부턴 혼자 산과 숲길을 전세를 냈다. 행여나 산길에서 번개를 만나지 않나 하는 엉뚱한 생각이 든다. 번개를 만난들 어떠랴. 이미 후반생은 덤이라 생각하고 유언장도 이미 작성을 끝낸 지가 오래되었고, 안구 등 장기 기증도 1991년 4월에 이미 서약한 터에.

인생을 살면서 보다 자유롭게 삶을 살기 위해서는 가진 것을 버리는 연습을 많이 해야 한다. 그렇게 항상 생각하고 사는데도 많은 것을 끌어안고 산다. 남들의 시선을 의식하지 말고 살아가는 삶을 왜 실천하지 못 하는가. 삶은 소박하고 분청사기처럼 털털하고 투박한 게 오히려 낫다. 가식이 없는 소박한 매무새의 분청사기 같은 삶을 살고 싶다. 때로는 익살스러우면서도 어수룩한 그 모습이 좋아 보이지 않던가.

줄기차게 내리던 빗줄기도 어느새 가늘어졌다. 용마산을 내려와 하남에 사는 옛 직장 동료를 만나 간단한 점심식사를 하고 헤어진다. 다시 남한산 벌봉길을 오르며 다시 자신을 찾아 떠나는 여행(산행)을 계속한다. 그러나 오늘도 시원한 답을 얻지 못한 채 벌봉 암문을 지나 날머리에 닿고 말았다.

3. 궁예의 울음소리가 폭포 되어 내리네

-명성산-

우뚝 솟은 명성산은 암릉을 드러내며 산자락엔 산정호수를 품고 있다. 지금부터 1000여 년 전 태봉국의 궁예는 철원 땅에 도읍을 정하고 문란한 정사를 펴다가 왕건의 도전을 받는다. 궁예는 왕건에게 크게 패하여 이곳 명성산에서 은거하며 망국의 한을 품고 산이 떠나가도록 크게 울었다고 전해진다. 그리하여 이곳 산을 울 명(鳴)자, 소리 성(聲)자로 울음산 또는 명성산(鳴聲山, 922.6m)이라는 유래가 전해온다.

의정부역에서 갈아탄 경원선은 북으로 내달린다. 차창 가엔 양주 불곡산이 우뚝 보이더니 이내 사라지고 주내, 덕정을 지나며 아파트 숲을 만난다. 20여 년 전 필자가 아내 직장 따라 동두천에 1년 살며 서울로 출퇴근하던 그 시절이 타임머신을 타고 잠깐 추억의 길로 회상한다. 추억의 상념도 잠시 열차는 동두천 초입 신시가지인 지행역에 정차한다. 주말마다 만나도 언제나 반가운 산하 동두천 윤님 부부가 우릴 반갑게 맞이해준다. 헤어지면 보고 싶고, 또 만나면 즐겁다.

삼복더위지만 동두천을 지나 포천과 철원의 경계선 국도를 달리며 능변으로 풀어놓는 윤님의 지역 산사랑 해설을 들으며 어느덧 산정호수 주차장에 들어선다. 오늘 산행대장인 윤대장은 자인사 입구를 들머리로 해서 삼각봉을 지나 정상을 찍고, 팔각정 안부에서 억새밭을 지나 등룡폭포로 내려서는 코스로 5시간을 예정한다며 출발한다.

자인사 입구를 들머리로

자인사 부도와 경내를 잠깐 둘러보고 우측 소로 계곡 너덜길을 오른다. 무더위로 흐르는 땀을 주체할 수가 없다. 그 와중에도 정 작가님은 버섯과 들꽃 접사에 여념이 없다. 며칠 전 산하에 사진작가로 데뷔한 정 작가의 사모님 훈수가 가끔 눈에 띈다. 부창부수라 했던가. 윤대장 사모님의 산행실력은 남편 못지않다. 힘드는 오름길도 평지 걷듯 사뿐사뿐 지르밟는 걸음 따르기가 초보 산꾼들에겐 힘겹다. 그래도 어쩌랴. 열심히 따르는 수밖에…

너덜지대 급경사 구간에 올라서면 책바위 안부에 닿는다. 일행은 책바위 능선 길을 잠시 다녀온다. 오늘은 스모그가 잔뜩 끼어 조망은 그리 좋지 않다. 그러나 구름이 산허리를 감돌고 걸쭉한 입담으로 좌중을 사로잡으며 길을 오르는 윤대장이 있으니 산행길이 지루하지가 않다. 게다가 결정적일 때 툭 한마디 던지는 정 작가 사모님의 재치어린 유머가 산행 피로를 가시게 하는 양념 역할을 한다. 그래도 흐르는 땀은 등줄기를 따라 아래로 아래로 흘러 바짓가랑이까지 적셔 놓는다.

드디어 팔각정에서 억새밭을 내려다보며

고개 능선을 오르락내리락하기를 몇 차례, 드디어 팔각정 쉼터에서 억새밭을 내려다보며 먹자전을 편다. 누가 시장이 반찬이라고 했던가. 언제나 산행 즐거움 중에 으뜸은 산상 뷔페가 아닌가 싶다. 멀리 천둥 치는 소리를 들으며 캔맥주와 오가피주 반주가 곁들인 산상만찬은 산행 동행인들의 마음씨만큼이나 넉넉하다.

오늘따라 정 작가 사모님의 시금털털한 묵은 김치 맛도, 윤대장 사모님의 고향 김치 맛도 감칠맛이 난다. 그래서 반주가 모자라나? 명성산 산허리를 오르던 구름과 바람도 쉬어가며 우리 자리에 동석하며 입맛을 다신다.

먹자전을 접고 팔각정을 내려서니 멀리 경비초소가 보이고, 팔각정 가까이 정상석이 하나 동그마니 서 있다. 윤대장 설명으론 평일 날엔 군부대 사격장에서 사격하느라고 정상으로 가는 길을 통제하기 때문에 이곳까지만 산행이 가능하단다. 그래서 이곳에 정상 아닌 정상석을 세워 놓았다는 설명이다. 오늘은 주말이라 우리는 명성산 진짜 정상을 향하여 발길을 뗀다.

지천으로 억새밭이 평원을 이루고 / 원추리가 새색시처럼 얼굴을 내밀고

10월이면 억새축제가 열리는 이곳 명성산 억새는 지금 지천으로 억새밭을 일구며 자라고 있다. 억새평원이 펼쳐지며 그 속엔 원추리가 그 옛날 새색시 시집갈 때 족두리 쓰고 연지곤지 바르고 얼굴을 가마에서 빼꼼하게 내밀듯 길손을 훔쳐보고 있다. 일행들은 한 컷 잡기에 분주하다. 그러나 정상가는 길은 가도 가도 끝이 없다.

능선길을 내주며 걷던 일행들은 삼각봉에 당도한다. 이정목엔 정상 2.7km, 하산 길의 등룡폭포까지도 2.7km의 안내목이 산행인들의 거센 숨소리를 몰아댄다. 해발 923m의 정상을 호락호락 내주지 않겠다는 심사다. 그러나 무더운 날씨에도 아랑곳하지 않고 오르락내리락하기를 몇 차례 하고 나니 드디어 정상에 섰다. 정상에서 시원한 냉커피와 캔맥주로 정상주를 대신하고 팔각정 쉼터까지 원점회귀 한다. 신안고개 방향으로 내려가면 명성산을 일주하는 셈이 되지만, 우린 등룡폭포를 만나기로 했기 때문에 다시 삼각봉으로 내린다.

윤대장은 경기북부 산의 홍보대사인가?

산하의 어느 산님이 윤대장에게 붙여준 아름다운 명예 이름이 실감나는 사례를 체험한다. 산을 내려 오는데 삼각봉 근처에서 길을 묻는 한 산행 팀을 만난다. 윤대장의 자세한 설명이 이어지는 것을 뒤로하고 우린 산 능선길을 내린다. 한참을 기다려도 윤대장의 모습은 보이지 않고 삼각봉 위로 구름만 휘감는다. 5분 아니 10분이나 흘렀을까? 그제서야 초행길 산객들에게 길안내를 친절하게 해주고 속보로 달려오고 있다.

억새밭을 지나면서 늦은 시각에 산을 오르는 산행팀을 또 만났다. 그 시각에 정상까지 갔다 오기에는 너무 무리란 생각이 든다. 윤대장은 친절한 설명과 응대로 우리 일행과는 상당한 거리가 또 벌어졌다. 우린 이미 길 흔적이 희미한 숲 속 계곡 길을 들어선 지가 이미 오래된 후 그는 길을 잘못 들었다고 하나, 이미 한참을 내려왔던 터라 계곡길을 계속 탄다.

계곡 너덜길을 헤치고 벗어나니 임도와 만난 길가 계곡엔 우렁찬 폭포 물소리가 귓전을 때린다. 무명폭포에서 잠깐 심신을 씻는다. 시원한 물줄기와 폭포내림 물소리는 1000년 전 궁예의 망국의 한을 담은 울음소리도 묻은 채 물꽃 병정놀이를 하고 있다.

무명폭포를 지나 한참을 내려오니 2단폭의 쌍용폭포인 등룡폭포를 만난다. 디카를 들여대는 일행들의 손이 분주하다. 아름다운 폭포에 취해 자리를 뜰 줄을 모른다. 한참 후에 다시 발걸음을 떼니 날머리 다 와서 또 비선폭포가 발길을 붙든다.

예정했던 산행시간을 훨씬 넘겼다. 폭포의 비경에 빠져 시간이 이렇게 흐른 줄을 몰랐다. 태봉국의 궁예가 충분히 은거했을 만한 이유가 있는 산이라고 생각하며 산길을 내려선다. 일행은 동두천 시내에 있는 청주집에 들러 거나하게 하산주를 들고, 플랫폼에서 아쉬운 작별을 고하는 사랑하는 부부가 흔들어대는 손을 뒤로한 채 경원선 21:00 열차에 몸을 싣는다.

4. 폭염, 폭우 속의 여름사냥

-명지산 : 1,267m-

오늘은 가을 문에 들어선다는 입추(立秋)절기다. 그러나 아직 계절은 한여름 속에 있다. 요즘도 가끔 국지성 호우를 동반해가며 여름이 땡볕 속에서 열(熱) 숨을 토해가며 농익어간다. 허나 계절이 내쉬는 열 숨 속엔 서늘함도 가끔은 숨어있다. 이렇게 계절은 가을을 옹골지게 잉태하느라고 안간힘을 쓰며 그 마지막 열기를 쏟아내고 있는지도 모른다.

의정부에서 출발한 여름사냥팀이 막 가평 현리에 들어서자 운악산 마루금에 걸린 뭉게구름은 한 폭의 수묵화를 그려내고 있다. 우측 차창으로 보이는 연인산 봉우리는 한 떼의 운무가 산허리를 휘감아 쳐 오른다. 그리고 명지산이 고봉을 자랑하며 어서 내 품에 안기라고 반긴다. 새끼 고라니 한 마리가 성큼성큼 차도를 뛰어 건너 숲 속으로 숨는 여름풍경이 너무도 목가적이다.

경기 최고의 청정지역을 품고

명지산(明智山, 해발 1,267m)은 한북정맥의 한 자락으로 가평군 북면과 서면을 경계로 우뚝 서 있다. 가평천을 사이에 두고 경기도의 최고봉 화학산(1468.3m) 다음으로 두 번째로 높은 산이다. 산세가 웅장하고 장쾌하다. 강씨봉, 귀목봉, 청계산과 연인산 등과 줄기를 이어가며 심산유곡을 품고 있다. 그래서인지 골도 깊고 상큼한 수림향이 코끝을 자극하는 청정지역이다. 1200 고지가 넘는 산이다 보니 산이 중후하고 산길 또한 조금 거친 맛이 나는듯하다.

명지산을 오르는 길은 크게 북면 익근리계곡을 거쳐 오르는 길과 상판리 귀목마을을 거쳐 오르는 길이 있다. 오늘 산행코스는 귀목마을 장재울골을 거쳐 귀목고개를 경유해서 3봉, 2봉을 거쳐 정상을 오른 후 하산은 3봉을 지나 갈림길에서 아재비고개를 거쳐 큰드래골로 하산예정이다.

귀목마을 장재울골 초입엔 물놀이 피서객으로 만원이다. 현리 계곡 내내 계곡물에 몸을 담고 물놀이가 한창이다. 우리 세 부부는 피서를 버리고 여름 사냥하러 배낭을 짊어지고 명지산 심산유곡으로 들어선다. 초입 장재울골의 풍경은 한적하다. 늦은 시각이라서인지 산객이 없다.

청정지역 명지산 자락에 들어서자 코끝이 상큼해 온다. 장재울골의 환영을 받으며 가벼운 발걸음을 뗀다. 들숨, 날숨 모두 아직은 편안하고 깊다. 잣나무 숲길을 가며 맑고 청명한 날씨의 축복을 받았다며 이구동성으로 덕담을 건넨다. (그러나 몇 시간 후 하산길 내내 갑작스런 국지성 폭우를 만나 강펀치를 얻어맞을 줄을 중생들은 꿈에도 생각 못했으니…)

귀목고개 안부에서 숨을 고르고

도심에서 느끼는 열통에서 벗어나 숲 향이 선사하는 청량감을 선택하는 체험은 우리를 숲 속으로 끌어들이는 또 하나의 작은 이유가 되기도 한다. 편안한 숨쉬기도 잠시, 귀목고개 된비알을 치고 오르는 일행의 숨소리가 거칠어진다. 흐르는 땀은 이마, 목덜미 등줄기를 가리지 않는다. 귀목고개 안부에서 숨을 고른다.

오늘따라 아내의 컨디션이 퍽 좋아 보인다. 항상 일행의 속도에 부담을 주곤 했었는데, 오늘은 발걸음이 그리 무겁지 않다. 평일 야간산행 훈련 탓일까. 처음엔 장시간의 거친 산행을 염려했으나 시작이 좋아 한 시름을 놓는다. 이런 컨디션이라면 명지산 정상도 그녀를 힘껏 포옹하리라.

일행의 격려도 한 몫을 한다. "설악 공룡타도 문제없을 것 같다"는 윤대장의 격려에 정 작가 사모님은 "올 가을에 우리 장수대 같이 가요."라며 아예 못을 박는다. 아내의 빙그레 웃는 웃음은 그에 대한 화답인지 아니면 동행인들에게 거북이 산행 민폐를 덜 끼칠 산행실력에 대한 자긍심인지 아리송하다.

귀목고개는 좌측으론 귀목봉(1036m), 우측으론 명지산 가는 길의 갈림길이다. 3봉 가는 길은 편안하지가 않다. 습기가 많고 바위틈에서 흘러나온 물줄기로 등로가 젖어 있어 미끄럽다. 오름길을 앞서거니 뒤서거니 하며 오른다. 이따금 산바람이 마중을 나오지만 잠깐 스쳐갈 뿐 구슬 같은 땀방울로 온몸이 젖는다. 그래도 길섶에 동자꽃, 산수국 등 야생화들이 방긋방긋 반겨주니 산길이 지루하지 않다.

3봉가는 길목 전망터에서 내려다보는 귀목마을 장재울골은 깊다. 올려다본 귀목봉은 봉우리가 뾰쪽하여 삼각뿔 같다. 청계산은 밋밋하게 등줄기를 내보이고 운악산 마루금은 병풍바위 위에 살포시 긋고 있다. 갑자기 운무가 몰아치며 산허리를 감싼다. 멀리 산들이 운무 속에 가리고 우리도 운무 속에 갇힌다.

가까이 3봉이 모습을 드러내고 우린 시장기를 3봉 아래에서 해결한다. 금년 여름 주말마다 연이어 네 번이나 산상만찬에 하산주까지 같이 하다 보니 세 부부는 이미 오랜 지기인 양 허물없는 산친구가 되어버렸다. 정 작가 사모님도 윤대장 사모님도 주말이 되면 우리가 보고 싶다고 하는데 우리 또한 그립기는 마찬가지이다.

2봉(1250m)을 지나 1봉 명지산 정상(1267m)에 서다

산상만찬으로 볼록해진 배를 털고 자리에서 일어서니 2봉 가는 발걸음이 갑자기 무거워졌다. 3봉까지 선두자리를 지킨 우리 부부는 두 부부에게 선두를 내주고 후미로 오른다. 운무가 피어올라 산이 시야에서 사라졌다가 다시 나타나기를 여러 차례 반복된다. 2봉 가는 산길엔 여기저기 야생화가 방긋대며 안개 속에서 자태를 뽐낸다.

2봉에서 기념촬영을 한다. 다시 명지산 정상이 구름 속에 숨는다. 2봉에서 1봉가는 길은 내리막길을 타고 내리다가 다시 치고 오르는 길이다. 드디어 정상에 서니 다람쥐 한 마리가 정상세(頂上稅)를 달라고 한다. 그러나 볼록해진 배만 보여 줄 뿐 줄 것이 없다. 3봉에서 다 뱃속에 담고 와서 미안할 뿐이다. 그렇다고 배낭에 달랑 하나 남긴 이슬초 한잔을 건넬 수는 없지 않은가.

정상에서 조망은 오리무중이다. 경기 최고봉 화악산도 운무에 가려 보이지 않고 그저 사방팔방을 둘러보아도 스치는 구름안개뿐이다. 다람쥐에게 세금을 내지 않았다고 조망권을 박탈하는가. 허허, 자연은 한 치의 불법(不法)도 공짜도 없구나.(나중 하산길에 '폭우중형' 까지 받을 줄이야)

이젠 정상에서 내려가는 일만 남았다. 어찌 하늘이 수상하다. 청명하던 오전 하늘이 갑자기 거무스레한 구름으로 덮인다. 일행은 서둘러 산에서 내려온다.

하산 길에 만난 폭우

2봉을 지나며 멀리서 천둥 치는 소리가 귓전에 울린다. 미끄러운 오르내림을 몇 차례 하고 나서 갑자기 빗소리를 듣는다. '우두두둑' 숲 속 길 참나무 이파리에 내려앉는 소낙비 소리가 '뚜뚜뚜둑' 화음을 높이는데 까진 1분도 채 걸리지 않은 것 같다. 이건 소낙비가 아니다. 폭우다.

일행은 판초우의를 꺼내 입는다. 우리 부부는 그저 가난하다. 맑은 날에도 늘 배낭에 넣고 다니던 레인 재킷을 오늘은 왜 짐을 덜고 왔는지 후회막급이다. 배낭커버만 달랑 씌우고 폭우에 몸을 맡기기로 했다. 배낭 속엔 비닐 방수품(등산화에 덧씌우는 비닐)이 들어 있었으나 순식간에 얻어맞은 폭우 같은 소낙비에 시골 물레방앗간의 추억만 생각날 뿐 아무 생각이 없다.

앞서가던 윤대장이 힐끗 뒤를 돌아보더니 빗속에서 얼룩무늬 판초우의를 벗어 아내에게 덮어씌운다. 갑자기 우중에 산길을 행군하는 여군 한명이 탄생(?)하는 순간을 목격한다. 아~ 이 감동을 어찌 다 이 필설로 표현하랴.

그래서 제일 혈기 왕성한 두 사내만 쫄딱 맞은 비로 '비 맞은 수탉'이 된다. 미끄러운 하산길을 조심조심 내려온다. 귀목고개를 지나 장재울골로 들어서니 폭우 빗줄기가 많이 가늘어졌다. 계곡 물소리가 '콸콸콸' 제법 크게 들린다. 산에서 내려와 계곡물에 대강 씻은 뒤 귀목마을을 벗어난다.

이미 출출해진 허기를 가평 잣 막걸리 몇 잔으로 하산주를 대신한다. 몇 순배가 돌아도 산행담은 끝이 없다. 테라스가 있는 선술집에서 밤비 내리는 운악의 정취를 느낀다. 불콰해진 얼굴엔 웃음밖에 없다.

현리에서 의정부 가는 귀갓길은 휴가를 끝내고 귀가하는 차량과 뒤엉켜 차량적체가 심하다. 그러나 우리 일행은 지루하지 않다. 낡은 카세트에서 흘러나오는 트롯과 블루스 곡들을 들으며 박수를 친다. 가창력과 호소력을 지닌 익숙한 목소리다. "오~빠!"소리가 여기까지 들리는 듯하다. 그 목소리의 주인공이 지금 운전대를 잡고 있다. 왕년에 밤무대깨나 주름잡았을 무명가수의 리사이틀을 들으며 몸도 돌고, 길도 돌고 돈다. 여름사냥을 끝내고 의정부를 돌고 돌아 집 앞 현관문을 들어선다. 배낭 깊이 넣어둔 핸드폰의 시각은 자정을 넘기고 00:11이라는 글자가 눈에 들어온다.

5. 산 그르매는 능선을 내려서고,
하늘엔 반달이 걸리고

-화악산, 1468m-

일주일 전 명지산 정상에서 가평천을 사이에 두고 우뚝 솟은 화악산의 모습을 상상으로만 그려 볼뿐 운무 속에 가려 그 위용을 볼 수가 없었다. 여름철 운무가 많은 날의 경기 최고봉, 화악산(1468m)은 그렇게 호락호락 그 정상부의 모습을 드러내지 않는다.

필자에겐 경기 5악(岳) 중 으뜸인 화악산은 경기 최고봉으로 기억되기보다는 휴전선 남쪽에선 가장 추운 곳으로 기억되는 산이다. 겨울철 날씨 예보 때마다 TV에서 기상캐스터가 "서울 영하 12도, 양평 영하 15도, 화악산은 영하 25도 그렇지만 체감온도는 영하 35도쯤 되겠습니다."라며 방송할 때마다 그곳의 최고추위가 머릿속에 각인이 되어 있던 바로 그 산이다.

산 높고 골 깊은 가평천 계곡을 돌아

가평 가는 45번 국도는 8월 마지막 휴가차량으로 팔당대교에서부터 정체를 빚기 시작한다. 20여 분의 정체 끝에 팔당댐을 지나며 검단산을 바라본다. 검단산은 하남시내에서 바라보는 것보다 팔당을 지나면서 바라봐야 그 모습이 편안하다. 예봉산, 운길산을 지나며 북한강이 가평까지 우리와 함께 동행하는 그 길은 언제 가보아도 운치 있는 전망 좋은 드라이브코스다.

가평삼거리에서 75번 국도로 갈아탄다. 용추계곡 입구를 지나 가평천을 끼고 가는 길은 계곡마다 물놀이 인파로 북새통이다. 백둔리 계곡, 익근리 계곡 할 것 없이 피서인파로 넘쳐난다. 명지계곡은 명지산의 넓은 산자락을 타고 내리는 크고 작은 여러 골을 만든다. 이 골 들이 적목리 계곡, 익근리 계곡 그리고 백둔리 계곡이다. 이 골 들은 30여km의 가평천을 이루며 피서객을 부른다. 또한 화악산의 큰골과 석룡산의 조무락골에서 흘러내린 청정계곡수도 가평천의 일원이 된다. 가는 길 왼편의 명지산자락이 운무에 싸여 있다. 사향봉이 구름 속에 떠 있고 오른편의 화악산도 마찬가지다.

만나면 반가운 사람들은 오늘도 관청리 보건소를 들머리로 함박웃음을 내지르며 산길을 들어선다. 오늘은 드디어 경기 최고봉 화악산을 오른다는 작은 흥분의 빛과 조금은 걱정스러움이 아내의 얼굴을 스쳐간다.

들머리가 해발 110m밖에 안 되니 1400 고지를 일행과 호흡을 잘 맞출지 걱정이 되는 모양이다. 하지만 걱정하지 말라고 한마디 하며 큰골 개울을 넘는다. 용띠 처녀가 산 좋아하는 남편을 만나 고생 아닌 행복의 문을 들락거리는 순간이다.

1090봉을 오르는 된비알 길은 국망봉 사격장 능선 오르는 길 못지않은 땀깨나 흐르는 길이다. 처음 30여 분 동안은 관목 숲을 헤치면 계류가 나타나고, 미끄러운 징검다리를 건너며 또 숲길을 헤친다. 인적이 드문 길이라 등로가 산객을 맞이하는 인사가 좀 점잖지 못하다. 희미한 오솔길 따라 나뒹구는 고목을 넘으며 키를 넘기는 잡목 숲길을 헤치며 또 개울을 건넌다.

아뿔싸! 개울을 건너다가 한 여인이 미끄러운 징검다리를 건너다 물에 퐁당. 그녀는 몸으로 계곡물과 한판 부딪고 싶었나 보다. 우리 사이엔 그녀는 항상 뉴스거리(news maker)다. 빼 짓이 웃음 짓는 모습이 사랑스럽다.

드디어 중봉(1423.7m)에 서다

1090봉에 서기까지 된비알은 인내를 시험하는 구간이다. 그러나 일행 모두 거친 숨을 내 쉬지만 경기 최고봉을 오른다는 감회 때문인지 얼굴에 흐르는 땀을 훔치는 손길만 바쁠 뿐 행복한 표정이다. 언니통봉으로 이어지는 능선길에 서니 한결 내쉬는 숨소리가 고요해진다. 고산 능선 길에 지천으로 피어있는 야생화의 모습에서 천상의 삶을 본다. 3시간 30분 만에 중봉 정상에 선다. 하늘 아래 중봉은 운무의 세계다.

경기 최고봉 화악산 정상엔 군사시설이 설치되어 있어 통제 구간이다. 그래서 사실상 중봉이 화악산의 정상을 대신한다. 석룡산도 명지산도 운무 속에 있으련만 그 모습은 상상 속에나 존재한다. 정상에서 스쳐가는 구름안개와 함께 오가피주와 이슬초를 나눈다.

애기봉으로 내리는 하산 길은 만만치가 않다. 가파르고 젖은 내림 길은 신경을 곤두세우기에 충분하다. 바위 길을 내리고 비탈길을 내려선다. 이정목이 군데군데 뽑혀있는 모습을 목격한다. 거리표식이 잘못된 이정목도 발견된다. 한참을 내려왔는데도 거리 표지는 오히려 줄지 않은 이정목도 있다.

원시림이 울창한 경기 최고봉은 깊은 골을 사방으로 품고 내리며 많은 계류를 만들어 내고 있다. 동쪽으론 오림골, 샘골 그리고 서쪽으론 조무락골, 큰골, 애기골 등 여러 골을 내린다. 계곡을 흐르는 물은 청정옥수다. 그냥 손바닥 컵으로 마셔본다. 물 맛 또한 시원하고 목 줄기까지 서늘하다.

산정(山情)을 나누고 헤어지는 아쉬움은 언제나

산을 내려와 하산주나 한 잔 하고 헤어지고파 의논하다가 올 때 길을 버리고 석룡산 유원지계곡을 지난다. 도마치 비포장도로를 돌아 백운계곡 어디쯤 자리를 잡을까 했다. 가는 길엔 복주산도 보이고 광덕산도, 백운산도 하늘금을 그리며 길손의 마음을 붙잡는다.

산을 돌고 돌아 카멜레온 고개라던가. 광덕고개 쉼터가 아닌가 싶다. 고개 한쪽에 주차하고 쉼터에서 포천 이동 막걸리 한 사발로 하산주를 든다. 윤대장이 건네주는 하산주 속에 그의 정이 듬뿍 담겨있어 목젖을 넘기는 맛이 더욱 짜릿하다. 산 그르매가 산 능선을 타고 내려오고 어슴푸레한 하늘엔 반달이 걸려 있다.

6. 숨은 벽 능선에서 벌어진 해프닝
-삼각산-

호젓한 산길을 꿈꾸며 사기막골에 들어섰을 때, 송추행 버스에서 부부 산행팀과 40대 초반의 여성팀(3인)과 필자만 차에서 내린다. 멀리 삼각산에 구름이 두둥실 떠 있기에 한 컷 잡는 사이에 부부 산님은 초입 능선으로 달라 붙었나보다.(그 길은 봄에 처음 가 보았는데 입장료가 무료다) 시야엔 세 여성분이 씩씩하게 매표소 앞을 통과하고 있다.

아마 자주 와 본 길이라 한 눈 팔지 않고 잘 가나보다 생각하고 입장권을 사고 졸졸 세 여인의 뒤를 따른다. 사기막골은 군 시설이 있어 휴식년제로 통제하는 걸로 알고 있었으나, 매표소까지 설치되어 있어 등로가 잘 되어 있는 줄 알았다. 한참을 앞서 가던 산님들이 멈춰 서서 오히려 나에게 길을 묻는다. "아-나도 초행길입니다." 이렇게 해서 우리는 들머리에서부터 날머리까지 하루를 함께하는 동행인이 된다. 그리고 어설픈 산행 가이드 노릇까지 자청한 꼴이 되었다.

민가가 끝나는 곳에서 오른쪽 계곡길로 들어서 밤골 능선을 겨냥하며 희미한 길을 앞장선다. 가끔 거미줄을 쳐 놓고 통행세를 내라고 하지만 내 얼굴이 지나면서 거미줄을 파괴하고 지나간다. '입장료를 받지 말든지, 안내판을 잘 붙여 놓든지' 하면서 짜증을 내본다. 뒤돌아보니 여성 산님들도 헉헉대며 잘 따라온다. 잠시 숨을 고르며 인사가 교환된다. 일산 옆 화정에서 온 친구사이로 가끔 산행에 취미가 막 붙은 산님들이다.

숨은 벽 능선에 닿으니 좌측으로 상장능선이 눈길을 사로잡는다. 상장2봉이 하늘금을 비켜서서 하늘로 치닫고 있다. 지난 7월 연 2주 동안 상장능선 2봉과 4봉 릿지길이 회상되며 빙그레 미소 짓는다. 멀리 도봉의 모습은 오봉과 함께 멋진 진경산수화 한 폭을 선사한다. 바람도 쉬고 호흡만 거칠다. 드디어 해골바위 길에 올라선다.

"앞 부부팀도 가는디, 나도 한번 릿지해볼까?" 겁없는 초보 산님은 기어코 일을 내고 만다. 전망바위 아래 50도 경사의 암벽은 초보 산꾼들에게도 누구나 릿지 구미가 당기는 곳이다.

사고는 순간이다. 해골바위에서 잠깐 한 눈을 파는 순간 동행하는 산님 중 함평댁(나중에 고향 말투로?)이 겁없이 릿지를 한다. 처음엔 우회하라고 조언을 했는데도 막무가내다. 그런데

해골바위

릿지로 거의 정상부에 다가서 그만 신음소리에 놀라 뒤를 따라 올라 간신히 크랙을 잡고 조금씩 아래로 밀리는 몸을 받친다. 등산화가 벗겨져 있다.

여인의 양말을 벗기고 겨우 안심을 시켜 바위를 올랐을 때 나는 후회가 막급했다. 가이드를 자청한 것도 아닌데 만약 사고가 났더라면… 집에 가서 가족에게 무용담을 얘기하면 절대 산행 금족령이 내릴 것이라고 귀띔해 줬지만 아마 집에 가서 무용담하고 남편한테 꾸지람 들었을 게 눈에 선하다.

아~ 생각하기도 싫다. 그 순간을 기억하기도 싫다. 그래도 함평댁은 용감하다. 놀라 뒤돌아 내려갈 줄 알았는데 백운대 정상까지 가겠단다.

하는 수 없이 나 홀로 산행이 우리들의 산행으로 바뀌어 호랑이굴과 여우굴을 체험하고 염초봉을 우회하며 북한리 상가에서 하산주 냉 막걸리 한 사발을 마시고 헤어질 때까지 코스 내내 긴장을 풀지 못했다. 아름다운 코스를 잘 인도받아 멋진 산행했다는 공치사를 뒤로 한 채 뒤돌아본 삼각산은 의상봉과 원효봉 사이에 우뚝 솟아 있다.

7. 수락산 암릉 위에서 단잠에 빠진 아기 코끼리

-수락산-

추석 전날 내리던 비 탓에 사패-도봉산 연계산행을 포기하니 오랜만에 딸아이까지 함께하기로 한 가족 산행인데 아쉽기만 하다. 산행 대신 주룩주룩 내리는 빗속의 한강 둔치를 비옷을 입고 자전거 산책을 두 시간 동안 다녀오니 조금 기분 전환이 되었지만 그래도 씁쓸하다.

추석 쇠고 난 오늘은 아내와 수락산과 불암산 연계산행을 하고자 장암역에 내린다. 승객들을 수락산역과 도봉산역에 적당하게 분산시켜 내려놓고 7호선의 종착역, 장암역엔 손가락에 꼽을 정도의 승객만 달랑 내린다. 그 틈에 우리도 끼어 노강서원 들머리를 찾아 들어선다.

궤산정을 지나고 청풍정 터를 지난다. 조선 숙종때 실학파 서계 박세당의 자취가 서린 정자와 노강서원이 계곡의 풍광과 어울려 그림처럼 다가선다. 노강서원을 지나 석림사 일주문을 들어선다. 드물게 보는 한글 현판이다. 석림사는 비구니들의 도량인가보다. 수돗가에서 비구니 한분이 야채를 씻는 모습이 보인다. 가람 배치가 오밀조밀하다. 게다가 야외 부처님은 어느 수도원의 여 사제 같은 기분이 든다.

석림사의 연혁을 읽어보니 이 절은 1671년 조선 현종 12년에 석현과 치흠이 창건한 절로 조계종 봉선사의 말사이다. 6.25전란 때 불에 타 비구니 스님 상인과 보각스님에 의해 중창된 절이다.

절을 한 바퀴 둘러보고 옆 계곡 등산로에 접어든다. 계류는 '졸졸졸' 노래하며 흐른다. 그제 온 비 때문인지 수량이 많아 계곡의 무명폭포들도 제법 폭포 소리를 내며 물을 내린다. 오름길엔 바위 길도 있고 미끄러운 사암들이 많다. 철 난간을 군데군데 세우고 밧줄을 설치해 놓아 산객들의 등정을 돕는다.

정상에 오르니 산객들로 빼곡하다. 기차바위를 다녀올까 하다가 그냥 올라왔는데 정상에 서니 다시 다녀오고 싶은 마음이 인다. 그러나 정상 부근 어느 등로도 갑자기 많은 인파로 붐빈다. 청학리에서 오른 산객, 수락산역 방향에서 오른 산객, 동막골에서 오른 산객 등 정상은 만원이다. 어제 추석도 지나고 하루 쉬면서 너도나도 우리처럼 인근 산을 찾은 모양이다.

정상을 내려서며 수락산의 기암들과 만난다. 철모같이 생긴

바위, 조각 작품 위에 얹어 놓은 듯한 바위, 종바위, 하강바위, 코끼리바위 남근바위 등 눈을 들어 보면 물형을 닮은 바위들이 시야에 즐비하다.

수락산 코끼리

필자는 한때 탐석을 즐긴 적이 있었는데 1984년 충주댐이 수몰되기 전 수석 산지인 남한강을 한 2년 동안 샅샅이 밟은 적이 있었다. 그 때 산수경석과 물형석 몇 점을 탐석하여 소장하고 있지만, 우리 산하에서 만나는 기기묘묘한 물형들을 볼 때마다 더 감탄을 한다.

삼각산 의상능선의 강아지바위, 이곳 수락산의 아기코끼리는 조각가가 빚는다 해도 이 형상보다는 못 하리라. 인위적으로 만들기에도 힘들 텐데 자연은 비바람 풍화작용으로 기기묘묘한 갖은 형상의 자연물을 만들어 놓다니 그저 경외스럽기만 하다.

기암괴석에 올라서고 바라보며 한참을 즐긴다. 운무 속에 솟아오른 도봉과 삼각산의 봉우리가 산수화를 그린다. 산과 도시가 안개 속에 녹아나 모두 잠들어 있다.

오늘따라 산님들이 너무 많아 내리막길 지체가 심하다. 동막골에 들어서서 한참을 내려서서야 한적한 내리막길로 들어선다. 그런데 아내의 새 등산화 신발이 복사뼈에 닿는지 자꾸 아프다고 하는 통에 불암산으로 건너가기가 좀 그렇다. 하는 수 없이 연계산행을 포기하고 다음을 기약한다. 당고개에서 바라본 불암산의 모습은 아내를 보고 말없이 빙그레 웃고 있다.

8. 아내랑 운무 속에 등천하는 공룡을 타고

-설악산/오색 · 대청 · 공룡능선-

누구나 산꾼이면 지리의 천왕봉과 설악의 대청봉을 올라 보고 싶고 그중에서도 지리산 태극종주와 설악의 공룡능선을 한 번 정도는 타고 싶은 충동을 느낄 것이다. 금요일 오후 11시경 복정 사거리에서 탑승한 27인승 우등 고속버스는 널찍한 좌석 배치로 편한 여행길을 암시한다 아내는 이내 잠에 곯아떨어지는데 필자는 여러 가지 상념에 붙잡혀 전혀 잠을 이룰 수 없다. 아내는 과연 공룡을 탈 수 있을까?

5년 전에 직장 직원들과 함께한 대청봉 등정 길에 아내를 동행시켜 오른 오색-대청봉-천불동 코스가 회상된다. 그런데 가이드가 안내한 말이 자꾸 마음에 걸려 잠든 아내 얼굴을 다시 한번 들여다본다. 새벽 2시30분경 입산 시작하여 07:30에 희운각 대피소를 통과하는 사람만이 공룡능선을 타고 그 후론 공룡능선 길을 통제하고 천불동계곡으로 하산시킨다며 아울러 1분도 더 기다리지 않고 정확하게 15:30에 소공원 주차장을 출발한다고 엄포 아닌 안내를 곁들인다.

비내리는 강원도길 / 아내여! 대청봉 일출은 꿈에서나 보시라

깜깜한 44번 국도는 늦은 시각인데도 생각보다 차량통행이 잦다. 우리처럼 북으로 북으로 여행가는 사람들일까? 대형버스들은 무박 산행팀일 게고 자가용팀들은 동해안 새벽바다 구경꾼들일까. 원통 인제를 지나면서 버스 창가에 가는 비가 뿌리기 시작한다. 일기예보엔 비가 오지 않는다고 했는데… 대청봉 일출은 접어야 하는가.

02:30분에 오색 매표소에 도착하니 앞서 산행버스가 몇 대 도착해 있다. 우의를 입고 어둠 속으로 산길을 들어선다. 뒤돌아보니 랜턴 불빛이 순례자처럼 길을 잇는다. 미끄러운 산길을 앞사람 발길을 따르며 오름길을 오른다. 아내도 말없이 잘 따라온다. 앞서가던 산객들이 중간 중간에 호흡을 가다듬으며 쉬고 있다. 계곡 물소리는 설악폭포를 지날 때쯤 우렁찬 폭포소리를 내며 산의 정적을 깬다. 비가 멈춰줘야 할 텐데 아직도 그럴 기색은 없고 더욱 주룩주룩 퍼붓기만 하니 하늘이 야속하기까지 하다.

곡신불사(谷神不死)라 했던가

노자 6장에 보면 '곡신불사' 란 말이 나온다. '계곡의 신은 죽지 않는다.' 라고 직역해본다. 산봉우리들이 제각기 아름다움을 뽐내며 의기 탱천한 모습으로 하늘로 치솟아있다. 그러나 노자는 말한다. 저 아름다운 산봉우리들은 모두가 다 헛것이다. 저 봉우리들의 아름다움은 오직 그 봉우리와 봉우리 사이에 형성된 계곡의 기능과 아름다움 때문에 실재하는 것이라고 얘기한다. 어쩌면 자태를 뽐내는 봉우리의 아름다움보다 자태를 감추고 있는 계곡이 더 본원적이고 본질적이다는 것을 암시한 것이리라. 봉우리가 양이라면 계곡은 음이다. 아마 곡신은 여성을 뜻하며 뿌리를 말함인가. 천불동 계곡의 신을 떠올려본다. 노자는 곡신을 통하여 도를 말함일 것이다.

3시간 10분 만에 질퍽거리는 계곡 능선 길을 올라 대청봉에 섰다. 막 산 정상에 오기 바로 직전에 내리던 비가 잠시 멎고 계곡에 안개와 운무로 채우고 정상석만 희미하게 길손을 맞는다. 영상6~7도쯤 되는지 손이 시리다. 디카 셔터를 누르는 손끝도 몹시 시리다. 공룡 탈 바쁜 마음에 서두른 탓인지 일행들을 20여 분이나 기다려도 소식이 없다. 일출 대신 운무와 안개만이 우리를 반길 뿐 화채능선도 운무 속에 갇혀 깊이 잠들어 있는지 깨어날 생각을 않는다.

오직 공룡 탈 일념으로

추억을 마음에 묻을까? 그리움을 세월 속에 떠나보낼까? 맑은 날의 가을 설악의 모습을 많이 보아온 터에 오늘은 아예 운무 속의 설악 비경을 즐기자고 마음에 정하니 모든 심사가 편안하다. 그러나 우리 부부가 공룡능선을 타는 것은 초행길이고 비가 내린 축축하고 젖은 길이라 내심 걱정은 된다. 게다가 한정된 시간 안에 산행을 완료해야 귀가하는 버스도 탈 수 있다는 강박관념이 조금은 부담이 된다. 하지만 도상 예행연습도 끝낸 터이고 아내의 컨디션도 좋은지라 오늘을 결코 놓치고 싶지 않다.

자, 가자, 공룡 타다 미끄러져 귀천한다 한들 무엇이 아쉽겠는가. 대청봉을 내려와 소청길로 접어드니 새벽이 운무를 조금씩 어디론지 이동시킨다. 멀리 하늘이 조금씩 열리더니 운무가 빠른 걸음으로 이동하지만 간헐적으로 공룡능선의 속살을 잠시 보여주다 이내 사라진다.

아내가 갑자기 "와"하는 소리에 뒤를 돌아보니 서북능선 쪽 속살이 하늘과 함께 열리기에 디카 셔터를 누르는 순간 다시 안개 속으로 숨고 만다. 이렇게 숨바꼭질하기를 몇 차례 한다. '그래, 초보 산꾼은 비경을 카메라에 담고, 고수 산꾼은 마음에 담는다지.' 누군가의 그럴듯한 말로 위안을 삼는다. 마치 필자가 이 순간만은 고수인 것처럼.

운무에 싸인 비경을 즐기다가 깜박 시간관념 속에서 벗어났다. 발길을 재촉하여 희운각에 도착하니 07:30분이다. 산님 몇 분이 아침 식사를 하는 모습을 보지만 식사하고 싶은 생각조차 없다. 갈림길에서 공룡능선을 드디어 타고 보니 걱정이 조금 된다. 이 시각에 아무도 가지 않는 이 길을 비를 다시 맞으며 시간 안에 잘 갈 수 있을까 내심 걱정은 되었으나 아내에게 걱정의 표정을 들키기가 싫어 담담한 표정으로 발길을 재촉한다.

한참을 가다 보니 거북이 느린 산행팀 40 여명(교회 신자 등산모임)이 신선봉 오르는 좁은 외길 산길을 전세 내며 가고 있어 추월할 수가 없다. 아내도 배가 고픈지 뭘 좀 먹고 가자고 해서 바위에 자리하고 유동식과 사과 한 쪽으로 허기를 달래고 다시 길을 오른다. 신선봉 아래에서 쉬는 산님들을 추월하니 정체 때문에 대략 30여 분은 허비한 것 같다.

이젠 내리던 비도 멎었다. 신선봉을 내려서며 또 오르며 보이는 설악의 비경은 감탄을 자아내게 한다. 맑은 날의 설악도 아름답지만 운무 속의 비경 또한 진경산수화다. 필자가 소장하고 있는 조선 후기의 화가들의 화첩 복사본 (120여 점)의 산수화가 머릿속에 중첩되어 더욱 실경의 아름다움에 도취된다.

구름이 머물다 간 자리 환상의 공룡능선길 그러나 결코 만만치 않아

공룡능선은 기묘한 바위가 천상으로 용트림하며 여기저기 그 웅대한 기상을 겨루며 길손을 대한다. 설악의 척추격인 공룡능선의 등줄기는 동서로 외설악과 내설악을 구분 짓고 외설악 쪽으론 천불동계곡을 품고 내설악 쪽으론 가야동계곡을 품고 있다. 천화대와 일곱 봉우리의 늠름한 모습은 과히 설악의 대표적인 모습이리라.

날씨만 청명하다면 가야동계곡의 미와 멀리 동해 앞바다의 푸른 물결까지 감상할 수 있을 텐데 조금은 아쉽다. 화채능선의 조망도 아름다울 텐데 후일을 기약하라는 건지. 간헐적으로 속살을 드러내는 용아릉은 마치 천상의 선녀들이 사는 선계인 양 운무 속으로 깊이 숨는다.

아내의 체력상태를 수시로 체크하며 공룡 일곱 봉우리를 넘는다. "남편 잘 만나 공룡타는 줄 알아라."고 너스레를 떨어본다. 아내는 말이 없다. 아마 웃으면서 속으론 '거꾸로 말하네'하고 독백할지도 모를 일이다. 아무튼 힘든 공룡길을 타면서 잘 따라주는 아내가 고맙다. 장거리 산행을 하다보면 체력안배가 문제가 되고 탈진할 수도 있는데 식욕이 없을 뿐 아직까진 크게 체력 걱정은 없다.

현란한 일곱 봉우리는 천상으로 등룡하고

구름바다 속에서 공룡능선의 기기묘묘한 크고 작은 봉우리의 등천 모습은 산행길 내내 감탄을 자아낸다. 오르고 내리기를 여러 차례 반복하는 험난한 길도 운무 속에 갇힌 봉우리를 볼 때마다 힘든 줄도 모른다.

역시 공룡능선의 백미는 1275봉에서 나한봉 가는 길이 아닌가 싶다. 이 길은 마치 간송미술관에서 봄에 만난 조선 최고의 남종문인화가인 현재 심사정의 대작 '촉잔도권' 이란 작품 속을 거니는 것 같은 환상에 젖는다. 가파른 절벽과 구름에 잠긴 골짜기를 나그네가 유장하게 걷는 모습을 담은 인생역정을 표현한 그림으로 기억한다. 우리 부부는 잠시나마 그 그림소재의 주인공인 양 착각을 하며 봉우리를 넘나든다.

가끔 산행 후에 느끼는 소감이지만 안전 산행을 우선해야 하는데도 욕심이 앞서다 보니 체력을 무시하고 겁없는 산행길이 되곤 한다. 이번 공룡능선 산행길 역시 악천후에다 우리 실력엔 좀 과한듯한데 오직 산행 일념으로 이루어졌다. 과유불급이라 했던가. '지나치면 아니 미치지 못한 것만 못하다' 는 논어 선진편에 나오는 경구가 새삼 떠오른다.

하지만 어쩌랴. 산을 오르면 기분이 좋고 하산주 맛이 좋은 것을. 아내에게 다음엔 설악산 서북능선을 타자고 제의하니 빙그레 웃음으로 화답한다.

9. 다시 설악의 비경 속으로

-설악산/한계령 · 봉정암 · 백담사-

다시 설악으로

정녕 가을인가. 설악은 산꾼들의 무릉도원인가. 설악은 빨간 단풍으로 치장하고 운무 속에 우뚝 솟아 구름바다를 유영하며 수많은 길손의 감성을 건드린다. 숲 속에 들어가서 숲 전체를 보았는가. 정작 숲 속에 들어서면 숲 본래의 큰 그림은 볼 수 없다. 다만 나무만 볼 수 있을 뿐이다.

설레는 마음으로 지난주에 공룡능선을 탔지만, 운무에 갇혀 등천하는 모습만 살짝 보았을 뿐 공룡의 몸체를 보지 못했다. 그 공룡의 늠름한 모습을 다시 보기 위해서 일주일간 어른거리는 산세를 그리며 다시 무박 산행 길을 떠난다. 덤으로 용아릉의 비경을 볼 수 있다면 금상첨화가 아니겠는가.

아내는 지난주에 공룡능선에서 자신의 체력을 체크한 탓인지 군말없이 따라붙는다. 50대 용띠 여자가 (그것도 초보 산꾼이) 궂은 날씨에 12시간 만에 공룡을 타다니 부럽다는 주위의 격려에 힘을 얻은 모양이다. 지난여름 뜨거운 땡볕에서 주말마다 경기 북부의 높은 산들을 등정한 탓인지 아내의 체력이 놀랍도록 좋아졌다.

어둠 속의 산행 행렬이 마치 순례자의 구도 행렬처럼 이어지고

설악의 단풍은 대청봉 정상에서 하루에 40m씩 산 아래로 내려선다. 소공원까지 만산홍엽을 이루려면 한 달은 족히 걸리리라. 동행하는 산님들이 산을 오르며 금년 가을 설악의 단풍은 여느 가을보다 유난히 고울 것 같다는 얘기를 이구동성으로 한다.

한계령에서 어둠 속에서 오르는 대청봉 길은 8.3km로서 오색에서 오르는 길보다 3.3km가 멀지만 능선길이 완만하여 오색을 들머리로 해서 오르는 길보다 조금은 편안하다. 오늘 새벽도 지난주처럼 밤 산행길이 만만치 않다. 전국에서 설악의 단풍을 보러 무박으로 밀려드는 차량 홍수 때문에 한계령의 새벽은 후끈 달아 올라있다. 산길은 만원이었다 설악의 비경을 즐기러 온 인파로.

끝청에서 여명의 설악을 바라보고 / 소청길에서 바라본 설악의 비경들

한계령을 들머리로 해서 대청을 오르는 길은 낮엔 조망이 좋을 듯싶다. 용아릉의 비경을 즐기며 긴 능선 길을 타는 길이기 때문에 지루하지 않을 것 같다. 하지만 우리는 새벽을 이용하여 산을 오르기 때문에 어둠의 여명 속에서 희미한 용아릉을 본다. 끝청에서 새벽이 잠에서 깨고 멀리 일출이 산등성이를 타고 멀리 속초 앞바다 위에 솟아오른다. 그러나 오늘도 구름이 설악 하늘을 덮고 있어 쾌청한 날씨는 아니다.

중청으로 접어든 길에서 대청을 바라본다. 많은 산객들이 대청을 오르내리고 있다. 붉은 물감으로 수채화를 그린 듯 산이 막 불타려 한다. 소청가는 길에서 본 설악의 진경은 황홀하다. 천불동 계곡을 딛고 일어선 천화대, 등천하려다 운무를 아직 만나지 못한 공룡능선 그리고 그 너머로 울산바위가 속초 앞바다를 배경으로 적당히 어울려 진경산수화를 만든다.

적멸보궁, 봉정암은 불공드리는 사람들과 산행인파로 만원을 이루고

불심이 돈독한 칠순을 넘긴 할머니들도 오직 '나무아미타불' 일심으로 오르는 이 길을 속세의 욕망을 털어내며 소청을 내려선다. 해발 1,224m의 설악의 심산유곡 구름 속 선계에 다소곳이 자리 잡고 있는 봉정암을 만난다. 아마 이 길을 오르내리는 할머니 신자들은 산길을 오르내리며 세속의 번뇌 망상을 저 운무 속에 실려 보내고 이미 보살들의 화신(化身)으로 변모하리라. 그리고 기쁨으로 환희하리라.

봉정암사리탑

부처님의 진신 사리를 모신 전각을 적멸보궁이라 하는데, 봉정암은 신라의 승려 자장 율사가 당나라로부터 돌아올 때 가져온 부처님의 뇌 사리를 봉안한 5대 적멸보궁중 하나다. 양산 통도사, 오대산 중대, 설악산 봉정암, 태백산 정암사 그리고 영월 사자산 법흥사의 적멸보궁이 그것이다.

암자 뒤에 오층석탑 앞에 서니 설악의 기(氣)가 사방팔방에서 이곳으로 모여드는 느낌을 받는다. 기암릉이 병풍처럼 둘러섰다. 발아래 용아릉이 막 단풍과 어울려 아름다운 자태를 뽐내고 서있다. 공룡능선이 날렵한 자태를 자랑하고 설악은 단풍으로 만산홍엽을 그려내고 있다. 자연 암반 위에 우뚝 세운 이 탑은 부처님의 뇌 사리를 봉안했다고 해서 '불뇌보탑' 이라 부르기도 한다. 참배객들 틈에 끼어 우리 부부도 속세의 풍진 티끌을 묻혀 온 마음의 때를 이곳 봉정암에서 3배를 올리며 씻는다. 이 순간만은 자신도 모르게 불심(佛心)으로 충만해지는 것 같다.

봉정암에 들르면 산꾼들은 불교 신자가 아니더라도 암자 뒤 5층 석탑에 올라 용아릉과 공룡의 모습을 볼 것을 꼭 권유한다. 이곳에서 가장 가깝게 만나는 용아릉은 요즘 기암절벽 사이에 점점이 수놓은 단풍과 어울려 황홀한 풍경을 연출한다. 공룡능선의 일곱 봉우리도 가깝게 조망된다. 봉정암을 거치면서 이곳을 들리지 않고 그냥 지나가는 것은 '앙꼬 없는 찐빵' 을 먹는 맛일 것이다.

구곡담, 수렴동을 내려서며

지난 산행기에 '곡신불사' (谷神不死)란 용어를 사용했는데 구곡담의 골짜기를 내려서며 이 말을 또 한 번 새긴다. 계곡은 수많은 소(沼)와 담(潭)을 품고 비경을 자랑한다. 빨간 단풍이 산허리를 수놓고 맑은 계류는 폭포를 이루며 소와 담을 만든다. 신선들이 노니는 지상의 천국이 여기쯤이 아닐는지. 쌍폭에서 쏟아지는 물줄기를 바라보다 산허리의 빨간 단풍을 또 한 번 쳐다본다.

수렴동을 지나며 쉬고 싶은 발걸음을 맑은 계류에서 잠깐 멈춘다. 발이 시리다. 물의 냉기가 20여km의 산행길 피로를 풀어 내린다. 인파로 용대리가는 백담사 셔틀버스 행렬이 한 시간쯤 걸릴 것을 생각하고 설악의 비경을 가슴 속에 간직한 채 옥류에 담근 발을 빼고 자리를 툭 털고 산을 내려선다.

10. 그녀의 유혹, 12선녀탕

-설악산/장수대 · 12선녀탕-

9월 말경 설악 대청봉을 붉은 채색으로 물감을 찍기 시작한 단풍은 중청, 소청을 거쳐 산 아래로 거침없이 붓을 터치한다. 2주 전 설악 대청에 물들던 단풍이 지난주 봉정암 가는 길에 붉은 단풍으로 채색되더니, 오늘은 서북 주능에도 만산홍엽을 만들려고 붓을 대기 시작하고 있다.

하루에 40~50m씩 산을 붉게 물들이며 남하한다는 단풍 길이 설악산 단풍의 절정을 이루려 하고 있다. 참고로 설악산 국립공원에서 예상하고 있는 금년 가을 설악 단풍의 예상 절정 시기를 알아보니 예상 시기는 조금은 오차범위가 있는 듯하다. 설악산 장수대에서 1km쯤 대승령 오르는 길에 한국에서 3대

폭포 중 하나라는 대승폭포(88m)를 만난다. 최근 모봉구 님이 지은 〈그리스 로마 신화보다 재미있는 우리나라 전설〉이라는 글을 읽다가 재미나는 전설이 있어 소개하고자 한다.

옛날에 대승(大乘)이라 불리는 총각이 이 고을에 살고 있었다. 석이버섯을 채취하여 장에다 내다 파는 게 그의 생업이다. 어느 날 동아줄을 타고 폭포에 매달려 석이버섯을 따고 있었다. 버섯을 한참 따고 있는데 돌아가신 어머니의 다급한 목소리를 듣는다.

절벽 위에서 "대승아, 대승아" 다급히 부르는 어머니의 목소리에 따던 손을 멈추고 절벽을 기어오른다. 그러나 어머니는 보이지 않고, 동아줄에 커다란 지네가 동아줄을 갉아먹고 있었다. 동아줄은 막 끊어지려는 순간이었다. 그러나 어머니의 다급한 목소리에 대승은 무사히 살아날 수 있었다. 후세 사람들은 죽어서도 아들 대승이의 위험을 알려준 어머니의 외침 메아리가 대승이를 살렸다 하여 그 폭포를 '대승폭포' 라 부른다는 내용이다.

그런데 저자 모봉구 님은 다음과 같은 재미난 해설을 곁들인다. 이 전설에는 폭포와 지네 그리고 석이버섯이 등장한다. 그림에서 볼 수 있듯이 폭포는 양다리를 벌리고 누워있는 여자의 생식기와 매우 흡사하다. 또한 석이버섯은 생김새가 남자의 생식기와 비슷하다고 한다. 그렇다면 여자의 생식기처럼 생긴 절벽에 남자의 그것처럼 생긴 석이버섯이 붙어산다는 의미는 무엇일까? 저자는 여기에서 상상력을 총동원하여 대승이가 절벽에 붙어 석이버섯을 딴다는 설정은 여성과의 성행위를 간접 묘

사했다고 보았다.

한 남성이 달콤한 쾌락에 흠뻑 취해 그의 삶이 88m의 낭떠러지로 추락할 수 있다고 본 것이다. 지네 또한 여성의 생식기를 표상하는 의미로 전설에 자주 등장한다. 지네가 성적인 독소를 의미한다고 보고 성생활에 흠뻑 빠진 대승이의 삶에 경각심을 주기 위해 지네가 등장한다고 해석을 한다.

장수대에서 대승령 오름길 2.7km는 경기 북부 국망봉 오름길을 연상케 한다. 처음부터 된비알로 비지땀을 훔치게 한다. 대승령을 지나 남교리로 발길을 돌려 안산 갈림길부터 12선녀탕을 만나는데는 너덜길로 쉽지 않다. 어제 살짝 내린 비 때문인지 너덜길 돌창은 하늘을 바라보며 삐쭉 빼쭉 돌출되어 있고 미끄럽기가 윤활유를 방바닥에 쏟아 놓은 것 같다.

3~4km의 지루한 너덜길을 내려서면 선녀탕들이 반갑게 맞이한다.

선녀탕

어느 신의 손이 12선녀탕을 만들었을까?

내설악은 수많은 아름다운 계곡과 소(沼)와 담(潭)을 품고 장대한 여러 능선으로 하늘금을 그린다. 그 중 빼어난 계곡미를 자랑하는 12선녀탕 계곡 길엔 폭포와 탕의 비경을 품고 길손의 발걸음을 붙든다.

제우스나 헤라 같은 그리스(Greece)신이 한국 땅 설악에 강림하여 이토록 아름다운 선녀탕을 만들었을 리는 만무하고 누가 만들었을까? 그럼 우리 땅의 시조 단군(檀君)이 만들었을까? 대승령에서 골을 타고 내려온 물줄기는 억겁의 세월동안 그 단단한 화강암 암반을 뚫고 마름질하며 이 아름다운 탕을 만들었구나. 이건 분명 물(水)의 걸작이다. 선녀탕을 바라보며 물의 생명력과 물이 연출한 불가사의한 힘을 본다.

그런데 12선녀탕엔 왜 8탕만 있는가?

전설에 의하면 선녀들이 하강하여 목욕을 하던 곳이라 하여 선녀탕이라고 한다는데 처음엔 맑은 탕이 12개여서 12선녀탕이라고 했다는 전설이 구전되어 오고 있다. 나머지 탕은 억겁의 세월 속에서 수마되어 없어졌다고 하나, 필자의 생각은 다르다. 탕이 처음부터 12개가 아니고 12선녀가 내려와서 독탕을 차지하면 12개였겠지만 큰 탕엔 둘, 셋씩 목욕도 했을 수 있지 않겠는가. 서로 등도 밀어줘야 하니까.

독탕, 북탕, 무지개탕, 복숭아탕, 용탕 등 그 이름도 아름답다. 그 중에 복숭아탕이 제일 잘 생겼다. 복숭아탕에서 휘감아치는 물줄기를 바라보며 걸작을 감상하는 기분은 사진에서 보는 맛하고 또 다른 실감을 느낀다. 기묘한 파임에 넋을 빼앗긴다. 저 탕 속에 선녀와 단둘이 나신의 몸으로 들어앉아 있는 저 사내는 나무꾼일까? 환상 속에 물소리가 환청처럼 들린다.

연이어 세 번 주말마다 설악의 품에 들었다. 나도 모르게 일주일 동안 설악을 그리다가 훌쩍 몸과 마음을 설악에 안기곤 한다. 언제 늦가을 안개비가 소리 없이 내리는 밤길에 또 설악의 품에 조용히 안기고 싶다.

11. 남설악 흘림골과 주전골의 비경을 찾아서

-설악산/흘림골 · 주전골-

스테판 M 폴란 & 마크레빈이 함께 쓴 〈2막〉이란 책에서 작가들이 말하길 "성공이든 실패든 자기암시의 결과가 되돌아오는 것"이란 문장에서 오래전부터 생각해 오던 '자기암시'의 중요성을 재확인하는 계기를 가져본다.

그래서 버릇처럼 항상 사물을 긍정적으로 대하고 행동을 적극적으로 하려는 마음가짐으로 50을 넘어서도 생활화하고 싶은 마음은 여전하다. 그러나 요즘 들어 한 번밖에 주어지지 않는 인생을 자신의 내면을 깊숙이 들여다보며 긍정적인 자기암시를 해가며 사는 삶의 행태를 추구하려 몸부림친 날들이 많아졌다. 그러다 보니 길에서 도(道)를 찾느니 차라리 산(山)에 가서 찾는 편이 나을 것 같다.

그러나 요즘은 영화나 부귀가 봄날 꾼 꿈처럼 허망한 것을, 젊은 날 그걸 붙들기 위해 무한경쟁 속에 자신을 몰아세웠던 기억에 쓴웃음을 짓곤 한다. 아마 나이가 들어가는 징조인지 아니면 삶을 관조하는 마음의 여유가 생긴 건지, 그럴 땐 훌쩍 배낭을 꾸려 산으로 달려가는 자신을 본다.

어느 산꾼이 들려준 설악산 이야기 / 울산바위와 속초의 전설

설악 가는 차 속에서 어느 산꾼이 전해주는 다음과 같이 재미있게 꾸며 하는 얘길 듣고 그럴 듯하다고 고개를 끄덕인다. 동해안의 속초(束草)라는 도시의 지명은 한자로는 묶을 속(束), 풀 초(草)자로 명명되어 있는데,

'어느 날 금강산으로 전국의 기암 바위들의 총출동령이 내려졌는데 울산에서 커다란 바위 하나가 성큼성큼 금강산을 향해 올라오고 있었단다. 그런데 이를 본 설악과 이웃해 있는 동네사람들이 그 바위가 하도 잘 생겨 풀로 새끼를 꼬아 발걸음을 설악에 묶어 두었다. 그래서 후세 사람들은 그 동네 지명을 〈묶을 속, 풀 초〉자를 써 〈속초〉라 명명하고 그 바위 이름은 '울산바위' 라고 이름 지었다' 는 믿거나 말거나 하는 어느 산꾼의 재미난 이야기를 옮겨본다.

아울러 그 산꾼은 산행 경력이 35년 되시는 분인데 다음과

같은 얘기도 들려주신다. "설악산의 비경을 다 구경하려면 42회는 설악의 품에 들어야 하고, 지리산을 다 보려면 29회 정도 지리의 품에 안겨야 합니다." 그만큼 산이 깊고 비경이 많고 장대하다는 얘기일 것이다.

서울에서 출발한 버스는 길 정체로 한계령 꼬부랑 고갯길을 가다 서기를 반복하다가 11시 30분경에야 힘들게 올라선다. 버스에서 올려다 본 한계령엔 단풍이 곱게 색동옷을 입고 산님들을 맞이하고, 우측 칠형제봉의 봉우리들도 우릴 내려다보며 어서 오라 손짓한다.

흘림골 매표소엔 수많은 산객들이 입장 순서를 기다린다. 한 줄로 가다 서기를 반복하기를 몇 차례하고 나니 벌써 여심폭포에 닿는다. 우리 산하에 왜 그리 여심과 관련한 폭포가 많은지 잠깐 그 수를 헤아리다 이내 멋쩍게 웃음 짓는다.

흘림골은 20년간 자연휴식년제를 작년 10월에 끝내고 일반인의 품으로 돌아 온 남설악의 비경 골이다. 그러나 기대만큼 휴식년제의 혜택을 보지는 못한 것 같은 감이 들었다. 흘림골의 지명 유래가 궁금하다. 여심이 흘러내려서 흘림골인지, 여심폭포가 남성을 홀리는 골, 홀림골이 세월을 지나오며 흘림골로 발음이 변화되었는지 나름대로 상상을 해보며 여심폭포에 눈길을 맞춘다. 실오라기 같은 물줄기가 휘감아 치지만 내 마음을 홀리기엔 조금 부족한 듯싶다.

신선이 오른다는 등선대 전망바위에 올라서니 남설악 비경이

등선대 전망바위에 오르니 남설악 조망이 압권이다. 남쪽으론 한계령이 계곡 안부처럼 자리하고 좌측으론 망대암산이 우측으론 설악 서북 주능이 그림처럼 펼쳐진다. 북동쪽으로 가까이 기기묘묘한 칠형제봉 기암이 서로 도토리 키재기를 하며 어깨동무를 하고 있고 멀리 속초 시내가 산수화 속의 동화나라처럼 아련하다.

전망대에서 고개를 뒤로 돌리면 눈이 황홀하다. 삿갓봉의 만물상이 단풍과 어울려 그림 속에 불타는 모습은 가위 장관이다. 전망대 방을 다음 산님들에게 빼주어야 함에도 비경을 즐기느라 한참을 머물다 아쉬운 발길로 안부로 내려선다.

등선대 안부에서 산객인파로 10여 분 꼼짝도 못하고 줄지어 서 있다. 한 산님의 치기어린 농 한마디가 귓전에 울린다. “가정은 누가 지키고 다 설악으로 모였나요?”

계단길을 내려서니 미끄러운 내리막길이 산객들의 속도를 또 늦춘다. 등선폭포를 지나고 계곡엔 단풍과 기암이 어우러져 여기저기서 여성 산님들의 탄성이 난무한다. “와 ~ 멋지다.”의 연발을 들으며 웃음 짓는 얼굴 모습에서 우리들의 작은 행복을 읽는다.

천불동계곡의 단풍과 함께 주전골 단풍도 아름답다는 얘길 익히 들었으나 아직 절정을 이루려면 며칠 더 지내야 할 듯싶다. 선녀폭포는 흐르는 물줄기가 약하다. 비경을 즐기며 계곡 트레킹하는 맛이 상쾌하다. 계곡길 내내 기암이 적절하게 포진되어 있고 코발트색 하늘의 청명함을 배경으로 늠름하게 그 위용을 자랑하듯 우뚝 자리하고 있다. 외계인처럼 생긴 ET바위가 머리에 나무를 키우고 있는 모습이 재미있다.

주전골 계곡의 경치를 감상하며 내려오니 용소폭포가 물줄기를 내린다. 계곡사이엔 단풍과 어우러진 한 폭의 진경산수화는 감탄사를 자신도 모르게 내지르게 한다.

올 가을 4주 연속 설악 비경을 탐하는 욕심을 내 보았다. 인파에 시달린다고 단풍철엔 꼭 핑계를 달아 설악 산행을 회피하던 과거 내 자신의 모습은 어디로 갔는지. 설악 인파 속으로 뛰어든 자신의 변화에 조금은 의아해하며 다음 행선지 지리를 그리며 아쉬운 맘을 간직한 채 산을 내려선다.

12. 카시오페아 별자리는 어디에 있을까

-지리산/백무동 · 천왕봉 · 대원사-

백무동의 새벽하늘엔 환상적인 별들의 잔치가

지리산 북쪽자락에서 산객들을 제일 많이 불러 모으는 곳, 백무동. 그 곳은 한신계곡과 백무동계곡의 우람한 폭포들을 많이 품고 여름 피서지로 각광을 받고 있어 누구나의 입에 자주 오르내리는 우리에게 친숙한 마을이름이다.

전국 무당들이 천왕봉을 받들며 백 명의 무당들이 기거했었다는 백무동(百巫洞)의 지명이 흰 안개가 많이 낀다 하여 白霧洞이라 표기되기도 하다가 지금은 옛 한자 이름과는 달리 白武洞이라 표기한다. 백무에서 '무'자는 무사 같은 강건한 '산객'들을 뜻하는 건 아닌지 생각을 해본다.

서울에서 세 시간 반 동안 밤길을 달려온 관광버스는 길손들을 백무동 주차장에 토해 놓자 우릴 제일 먼저 반기는 자연풍광은 은은한 달빛과 초롱초롱한 별들의 한마당 잔치다. 백무동의 새벽하늘은 온통 별빛으로 하늘 가득 수놓고 있었다. 버스를 내린 산객들이 밤하늘을 올려다보며 이구동성으로 탄성을 내지른다. 이렇게 가깝게 별들이 보이는 곳, 백무동의 새벽하늘엔 지금 별들의 환상적인 굿판이 벌어진다.

지리의 새벽은 냉기와 함께 별빛이 흐르는 산골마을이 우리를 어릴 적 옛 추억의 시골 풍경 속으로 밀어 넣는다. 북두칠성이 또렷하게 똥바가지 모양(시골 태생인 필자에겐 그렇게 보임)으로 하늘을 가르고, 그리스 신화에 나오는 카시오페아 별자리도 에티오피아의 왕 케시우스별과 함께 어딘가에 자리하고 있겠지만 그 위치를 쉽게 찾아보기엔 세월이 너무 흘렀다. 아마 북극성 반대쪽에 W자로 반짝이는 저 별이 아닌지.

달빛과 별빛 속을 거닐며

나뭇가지 사이로 은은한 달빛과 별빛을 받으며 산행 길에 가끔 랜턴을 끈 채 계단 길을 오른다. 산 그르매의 운치가 감흥을 불러오고 산죽 길은 지리의 샛바람을 몰아 사그락댄다. 뒤돌아본 능선 저 멀리 순례자의 불빛이 장관이다.

장갑 낀 손이 시렵다는 아내에게 타월을 가지고 붕대처럼 둘둘 말아주지만 스틱 잡은 두 손은 불편할 텐데도 잰 발걸음은 가벼운가 보다. 하동바위를 지나 두 시간 40분 만에 장터목산장에 도착한다. 산장은 아직 잠에서 깨어나지 않고 고요하다. 빨간색의 앙증맞은 작은 우체통이 서리를 맞고 서서 추위에 떨며 동쪽하늘의 붉은 해맞이를 준비하고 있다.

천왕봉의 일출을 볼 것인가 말 것인가

자연 친환경적인 산장의 해우소(解憂所)는 어떤 모습일까? 길손의 근심은 천왕봉에서 꼭 일출을 볼 것인가 말 것인가 암모니아 냄새를 맡으며 잠깐 근심을 털어낸다. 결론은 명쾌하다. 무리하게 내친걸음을 쉬엄쉬엄 오르기로 하고 제석봉 어느 능선에서 구름사이로 오르는 일출을 본다. 아직도 사위는 어둑어둑하다. 멀리 반야봉도 아침잠에서 아직 덜 깬 듯싶다.

고산준령의 파도타기 하는 모습이 장쾌하다. 구름바다가 펼쳐지는 어머니같이 온화한 산, 지리의 모습이 일출과 함께 잠에서 깨어나니 장관이다. 사방을 둘러보아도 산, 산, 산이다. 반야봉을 내려다보며 아내는 말한다. "설악산이 남성 같은 산이라면 지리산은 여성스럽다"고.

조용하던 천왕봉엔 중산리 법계사 방향에서 산님들이 떼지어 올라오는 바람에 갑자기 만원이다. 세찬 바람에 모자가 날려 가려한다. 천왕봉 정상엔 정상석을 붙들고 산님들이 흔적 남기기에 바쁘다. 1915m의 높은 산에 올라와 누구나 정상석 앞에 서서 자신의 흔적을 남기고 싶으리라.

중봉, 써레봉, 치밭목산장으로

세찬 바람은 천왕봉에 오래 머물지 못하도록 산님들을 독려한다. 동서남북 어디를 둘러보아도 장대한 산무리가 시야에 들어온다. 곱은 손은 디카 셔터를 누르기가 힘겹고 배터리는 금방 방전이 된다. 목덜미를 파고드는 찬바람은 산상의 초겨울이 머지않아 시작됨을 알린다. 바람막이 양지 돌 벽에 기대 주먹밥 한 덩이로 조반을 대신하고 중봉을 향하여 길을 내린다.

드물게 산객을 만난다. 아내와 호젓한 중봉길을 가며 산상 고사목의 쓸쓸함을 본다. 이따금 산길에 벌써 나뒹구는 낙엽에서 가을이 저만치 가고 있는 모습도 본다. 오르락내리락 산길에서 기암에 달라붙은 풀 한 포기가 어제 성북동 간송미술관에서 본 석파 이하응 (흥선대원군)이 친 석란(石蘭)같다.

치밭목 산장을 내려서며 단풍 든 계곡을 만난다. 아마 뱀사골이나 피아골엔 지금쯤 단풍 유산객으로 초만원을 이루겠지만, 이곳 동부 능선 계곡엔 단풍도 인파도 한적하다. 끝없이 펼쳐지는 산죽길이 바람에 사그락댈 뿐 적막강산이다.

바람에 흔들리는 저 산죽은 구한말 서화가 탄은 이정의 풍죽(風竹)그림의 소재인가. 바람에 나부끼는 댓잎을 농묵과 담묵으로 표출된 현묘한 필치의 그림과 눈앞에 펼쳐지는 산죽길의 모습이 오버랩되어 우리 부부 발걸음을 조금은 가볍게 하는 듯하다. 일 년에 봄가을 두 차례 문을 열어 그림 애호가들의 갈증을 달래주는 간송미술관의 고마움을 음미해보며 그 길고 긴 산죽 길을 내려선다.

13. 운악산을 경기 5악 중 으뜸이라 했던가

-운악산-

47번 일동 가는 국도 변 산들은 너나 할 것 없이 산이 붉게 불타오르고 있는 모습을 보니 마음마저 빨갛게 물드는 듯하다. 저만치 달아나는 가을이 온몸으로 마지막 불꽃을 태우는 듯 산은 그렇게 시절을 노래하며 불타고 있는 모습이 장관이다.

금년 여름 땡볕에서 경기 북부 여러 산을 함께 산행한 산하가족 정 작가님 부부와 시간이 맞아 오랜만에 운악산의 가을을 배웅하기로 하고 길을 떠난다. 하판리 현등사 방향에선 몇 차례 산행한 경험이 있어 들머리를 서쪽 운악산 휴게소로 정한다.

신라 고찰 현등사를 품고 있어 현등산이라고도 칭했던 운악산은 그리 큰 산세를 자랑하진 않지만 경기 가평과 포천을 경계를 이루며 우뚝 서있는 산세가 예사롭게 보이지 않는다. 산세가 험하고 기암괴석과 계곡이 어울려 절경을 갖춘 탓에 이름하여 경기의 소금강이라고 예찬하는 이들도 있다. 그래서인지 경기 5악(관악산, 감악산, 화악산, 송악산 그리고 운악산) 중 으뜸으로 치는데 주저하지 않는 산이다.

운악사 보살님의 친절한 인사말과 정성어린 국수 점심공양

들머리를 들어서서 한 30여 분 산길을 오르며 작은 안부에 올라서면 독경소리와 함께 협곡 속에 자리하고 있는 작은 암자를 만난다. 지금 이 절은 운악사(구 청학사)로 지금 중창 불사 중으로 어수선한 모습으로 다가서지만 문 앞에서 가마솥을 돌보다 앞치마에 손을 닦고 정중하게 90도로 허리를 굽혀 합장하며 "어서 오세요, 반갑습니다."하며 반기는 보살님의 인사가 인상적이다.

입석 간이 식대를 기다랗게 배치한 자리엔 산님들이 도열해서 '무료' 국수 점심공양을 받고 있다. 우리 일행도 나란히 서서 보살님이 건네주는 국수 한 그릇을 잘 익어 감칠맛 나는 무청 김치와 함께 게 눈 감추듯 한 그릇을 비운다. 어린 시절 시골에서 어머니가 해 주시던 바로 그 맛이다. 국수장국 맛이 어머니의 손맛을 닮았다.

무료지만 정 작가님이 점심공양 값을 지갑에서 꺼내 불전 함에 넣는 모습이 눈에 띈다. 어리석은 이 중생은 공짜 점심 공양을 받았다고 느긋한 표정을 짓고 있는데, 아내가 곁에 와서는 내 얄팍한 지갑에서 배춧잎 한 장을 덥석 뽑는다. 역시 나는 욕심 많은 중생의 표본인가.

보살님이 건네 준 맞이인사와 배웅인사가

암자 뒤 협곡 오른편에 소꼬리폭포가 있다는데 비가 오지 않아 물 내림이 없다. 암자를 돌아서며 "맛있게 잘 먹고 갑니다." 하고 인사를 건네니 하던 일을 멈추시고 처음 맞이인사 때처럼 90도 가깝게 허리를 굽혀 합장하시며 "또 오십시오, 잘 가십시오"라고 배웅인사를 하신다. 나도 모르게 "성불 하십시오." 라고 응대하고 자리를 뜬다. 누가 보살님에게 친절교육을 시켰을까? 아마 불심에서 우러나는 자연스러움의 지혜일 것이다. 산 오름길 내내 보살님의 친절과 보시가 이 못난 중생에게 세상사는 지혜를 가르쳐 준다.

오래전에 직장에서 고객만족(CS : Customer Satisfaction) 경영이 화두로 떠올랐을 때 그 일환으로 직원들에게 친절교육을 시켰던 기억이 떠올랐다. 친절한 맞이인사며 배웅인사 그리고 전화 받는 예절 등이 잘 되어 있다고 매스컴을 탄 병원이 있었다. 안동에 있는 어느 병원을 벤치마킹해서 견학까지 갔던 일이 새삼 떠올랐다. 그런데 이곳 운악사에서 보살님의 정성어린 맞이/배웅인사를 받으니 친절교육의 산 교육장이 바로 이곳임을 피부로 느낀다.

망경대에 올라서니

기암괴석 오름길에 밧줄이 놓여 있어 아내에게 유격훈련을 시킨다. 산세가 험하니 오름길이 쉽지 않다. 이 등로 만큼 밧줄이 많이 매달린 산이 그리 흔치 않을 것이다. 어느 산님 말에 의하면 17개의 로프가 설치되어 있다던가. 오름길 난이도가 도봉산 포대능선을 능가하는 듯하다. 전망바위에서 잠시 숨을 고르며 내려다본 산 계곡과 47번국도 건너편 산은 붉은빛으로 산이 불타고 있다.

여러 차례 험한 바위 길을 밧줄에 의지한 채 된비알을 오르면 망경대(望京臺)가 나타난다. 우리 산하에 '망경대 '란 이름이 많다. 원래 망경대란 이름은 고려가 망하자 고려왕조를 그리며 신하들이 '옛 조국을 회상하며 개경을 바라보는 봉우리' 라는 뜻으로 붙여진 이름이었다고 어느 책에서 본 기억이 난다. 혹자는 조선 개국 공신 정도전이 한양을 바라다 본 봉우리라 하여 망경봉이라고 하는 얘기도 있다.

관악산의 '연주암' 역시 이성계가 조선 왕조를 건국하자 고려 말 신하 강득룡 등 몇몇이 관악산의 외진 암자로 들어가 멀리 개경을 바라보며 살면서 고려 왕조 시대의 임금을 그린다는 뜻을 따 연주암(戀主庵)이라 명명했다. 이렇듯 우리 산하의 지명 등이 옛 역사와 연관되어 명명된 곳이 부지기수다.

망경대에 서니 국망봉, 명지산 등 가평의 산들이 올망졸망 한눈에 들어온다. 아스라이 보이는 산들의 풍경들이 첩첩이 겹쳐 있고 산 아래 도로가 산과 산을 이으며 어디론가 실뱀처럼 기어간다.

역시 병풍바위와 미륵바위는 운악산의 절경을 이루고

가평쪽 정상에서 현등사 방향 내림 길을 조금 내려서면 미륵바위를 만난다. 어찌 보면 남근석 같기도 하고 방향을 달리 보면 한 쌍의 연인이 포옹하고 있는 모습 같기도 하다. 아래 절벽엔 병풍을 두른 듯 병풍바위가 열두 폭 병풍을 치고 암벽에 단풍을 달고 있다. 병풍바위를 내려다보며 늦은 점심을 든다. 정작가 사모님이 맛깔스럽게 준비해 온 점심상은 항상 푸짐하고 넉넉하다. 게다가 일동막걸리 한 사발은 필자에겐 차라리 보약이다.

애기봉으로 내리는 내리막길엔 가을이 저만치 가는 듯 온통 낙엽길이다. 이따금 부는 바람에 그나마 달랑 붙어 있는 마지막 이파리까지 털어 내, 벌써 나목 군상들이 많다. 전망바위에 서니 다시 병풍바위가 그 모습을 드러낸다. 애기봉엔 어느 해인가 아기를 안고 이곳에서 조난당한 가족의 비가 쓸쓸하게 자리하고 있다.

계속 산길을 내려서면 궁예의 전설이 서린 궁예 대궐터를 만난다. 궁예가 왕건과의 쟁투에서 쫓겨 이곳 운악산 자락에 숨어 항전을 했던 곳으로 알려진 곳이다. 지금은 터 자리에 궁예 대궐터라는 팻말만 남아 있으나, 필자의 생각으론 운악산의 험한 산세를 이용하여 항전하기 좋은 자리라는 생각이 들었다. 가는 길에 성곽의 흔적도 보인다.

예나 지금이나 정도(正道)를 걷지 않는 위정자들의 쓸쓸한 말로를 보는 것은 정한 이치가 아니겠는가. 아마 궁예는 농부가 휘두른 가래에 맞아 죽었다는 얘기도 있고 보면 그의 인생 말로가 가련하기까지 하다.

산을 계속 내려오다 보면 폭포 전망대를 만난다. 이름하여 무지개폭포인데 여름철 폭우가 내려 수량이 많을 경우엔 우렁찬 폭포 소리를 내며 장관을 이룰 것 같다. 지금은 갈수기라 물줄기는 보이지 않고 암벽만 덜렁 그 웅장한 모습을 나타내고 있다. 겨울철엔 암벽 등반인 들의 연습장이 되기에 충분하다는 생각이 든다.

산 속의 시각은 빠른지 산 그르매가 어둠을 불러 오고 있다. 붉게 타는 산을 내려서며 도란도란 산 이야기를 하며 내려 오다 보니 어느덧 운악산 휴게소 광장이다. 서산의 해도 뉘엿뉘엿 산마루를 넘으며 길손들에게 작별인사를 한다.

장회나루에 추억을 묻고 IV

1. 벽오동 심은 뜻은 ▮불수사도삼 / 5산종주기▮
2. 천관녀는 기녀(妓女)였을까, 무녀(巫女)였을까? ▮장흥 천관산▮
3. 산하가족들과 불암/수락을 돌며 ▮불암산-수락산▮
4. 별유천지 기암의 천국, 기암의 나라 ▮월출산▮
5. 절대 평등의 산, 광주의 진산 ▮무등산▮
6. 빗속의 소백산 철쭉은 고개를 숙이고 ▮소백산▮
7. 곡신산방에서 월악으로 ▮월악산▮
8. 장회나루에 추억을 묻고
9. 적멸보궁 정선 정암사를 찾아서
10. 관음도량 소백산 구인사를 다녀와서
11. 관동팔경 ▮오봉산 낙산사▮
12. 백두산 천지 별 서리하러 갔다가

1. 벽오동 심은 뜻은…
-불수사도삼 / 5산종주기-

최근 20여 km 이상의 장거리 산행을 몇 회 하고 나니 갑자기 더 긴 산길을 걷고 싶어졌다. 지리산 태극종주 길도 있지만, 서울 근교의 여러 산을 연계해서 산행하는 맛도 좋으리라 생각하던 차에 〈우리 산내음〉 카페로부터 5산 종주산행 공고가 났다.

잠을 자지 않고 하는 장거리 산행 길을 마음에 두고 있던 터에 어찌 보면 자신의 체력과 인내를 시험해 보고 싶었는지도 모른다. 언뜻 보기엔 무모한 산행길이기도 하지만 은근히 기대되는 산행길이다.

요즘 산꾼들에게 지리산 태극종주(88km), 5산 종주산행

(45km) 등이 한번쯤 감행해 보고 싶은 충동을 심심치 않게 일으키는 산행기가 가끔 인터넷에 올라와 더욱 흥미를 유발시키곤 한다.

불암산 들머리를 들어서며

일행 17명은 상계역을 출발하여 불암산을 오른다. 달빛도 없는 칠흑 같은 어둠이 내린 산길을 헤드 랜턴 불빛 따라 거친 숨을 몰아쉬며 조용한 산길을 오른다. 이번 산행길엔 부산, 포항 그리고 춘천의 산님들도 멀리에서 동참을 했다.

장시간 지구력과 체력을 요하는 산행길이라서인지 동행하는 산님들의 실력이 보통이 아니다. 여성 산님들도 두 명이나 동참한 산행길인데 하나같이 준족들이다. 일행 중엔 이순(耳順)을 훌쩍 넘긴 달력 나이지만 펄펄 나는 40대 같은 생체나이를 갖고 계시는 산님도 세분이나 계신다.

오르막 안부에서 잠깐 쉬며 내려다본 서울 야경은 한밤중이라 옅은 안개 속에 졸고 있다. 하늘엔 이따금 별빛이 보이지만 지리산 백무동의 밤하늘에서 쏟아지는 별빛을 본 지가 얼마 되지 않아서인지 감흥이 별로 없다.

거북바위를 지나 정상에 서니 서울 야경이 또 펼쳐진다. 불암산 정상은 암반으로 형성되어 있어 우리 산님들이 모두 올라오니 꽉 찬 느낌이다. 지방에서 오신 산님들이 야경을 보며 감탄사를 연발한다.

조심조심 바위 암릉길을 내려와 동물 이동통로를 타고 덕능 고개를 경유해 수락산을 오른다. 수락산도 기암괴석으로 어우러진 산세로 산님들로부터 사랑을 많이 받는 산이다.

앞서거니 뒤서거니 하며 오르는 산길엔 침묵이 흐른다. 묵묵히 걷는 산길에서 여러 상념들이 밀물처럼 떠올랐다가 썰물처럼 빠져 나간다. 전망바위에서 잠깐 숨을 고르고 다시 도솔봉을 돌아 주능선 길에 접어든다. 한밤중이라 아기 코끼리의 잠을 깰까봐 발뒤꿈치를 들고 코끼리바위를 지난다.

어둠 속의 철모바위는 더욱 검은빛으로 우리 앞에 당당하게 서서 길손을 맞는다. 드디어 수락산 정상에 서니 지나온 산 능선 길이 실루엣으로 모습을 드러낸다.

'백오동'이 '105동'이라나

벽오동(碧梧桐)의 꽃말은 사모, 그리움이다. 함께 종주하는 산님 중에 닉네임이 비슷한 여성 산님이 있다. 목천 요물님의 지리산 태극종주 산행기에서 얼굴을 숨긴 채 등장하는 산님이다. 필자는 지금까지 '벽오동'으로 닉네임을 기억하고 있었으나 '백오동'이란다.

수락산 홈통바위를 지나 동막골로 내리면서 산까치 뜀박질 주법으로 산을 내리는 그 산님 뒤를 열심히 뒤따라 내달리며 몇 마디 얘기를 나눈다. "닉이 벽오동인줄 알았습니다." 어느 산님이 "백오동이 무슨 뜻입니까?" 하고 다시 물으니 "제가 105동에 살거든요.” 한바탕 웃음바다가 동막골을 흔든다. “그럼 친구분(요물님)은 106동에 사나요?” 그래서 또 한바탕 웃음보가 터졌다.

‘청춘을 돌려다오’가 아니라 ‘인생은 60부터’

“못 다한 산 사랑도 태산같이 많은데 나에게 청춘을 돌려다오” 이순을 훌쩍 넘긴 세 분의 산님은 나이 컨셉(Concept)을 완전히 바꾸어 놓는다. 어쩌면 그 연세에 발걸음이 그토록 가벼울까? 동행하며 많은 것을 생각하게 한다. 세월을 거꾸로 돌리는 저 힘의 바탕은 어디서 나오는 걸까? 나도 10년의 세월이 지난 후에도 세 분의 산님들처럼 저런 젊음을 유지할 수 있을까? 산길 내내 맴도는 화두 중의 하나였다.

‘술꾼’과 ‘산꾼’사이를 넘나들며

세상 사람들은 일 잘하는 사람을 ‘일꾼’이라 부른다. 술 잘 마시는 사람을 ‘술꾼’, 산 잘 타는 사람을 ‘산꾼’이라 칭한다. 필자는 산을 잘 타지 못하는데도 친구들은 껄렁한 산꾼으로 알고, 집에서는 필자를 술꾼으로 치부한다. 요즘 ‘술’과 ‘산’을 인생2락(人生二樂)으로 알고 사는 인생이 즐겁기만 하다.

한국의 산하 가족 중에 필명이 ‘술꾼’이란 산님이 진정한 ‘산꾼’으로 술과 산, 인생2락을 즐기시는 분이 아닐는지.

회룡골 입구에서 이른 조반을 들고 일행은 회룡골과 범골능선을 타고 사패산 정상에서 여명을 맞이한다. 운무가 도시를 구름바다에 밀어 넣고 간혹 보이는 아파트들이 조각배처럼 구름바다에 떠 있다. 건너편 불암산과 수락산이 멀리서 우리 일행을 바라본다. 밤을 새워 산길을 잘 지나갔는지 안부를 묻는다.

도봉산의 백미, Y자 계곡을 지나고

포대능선에서 바라 본 자운봉, 만장봉, 선인봉은 잠에서 서서히 깨어나 산객을 맞을 준비를 하는 듯 그 자태를 드러낸다. 도봉의 기암괴석은 참으로 빼어나다. 뜀바위, 칼바위, 오봉 등 기암이 즐비하게 늘어서서 산객의 안전을 당부한다. Y자 계곡의 쇠 난간과 쇠줄을 잡고 한바탕 씨름을 한다. 여느 때 같으면 정체가 심할 텐데 이른 시각이라 우리 일행뿐으로 한가하다.

우이암 능선길에서 원통사를 만난다. 절집을 감싸고 두른 암벽위엔 또 다른 오봉 바위가 줄지어 서서 절집을 호위하고 있다. 낙엽 쌓인 산길을 돌아내리니 도봉의 가을도 소리 없이 깊어간다.

삼각산에서 마중 나온 산님들과 날머리를 내려서며

도선사 주차장에서 반가운 만남이 있었다. 조O흠 선배님과 세실리아님이 격려차 마지막 구간을 함께 하기위해 기다리신다. 점심식사를 하고 일행은 깔딱고개와 하루재를 올라 백운산장을 지난다. 산장 가는 길에서 바라 본 인수봉은 또 하나의 큰 바위산이다.

백운산장엔 산객들로 꽉 차 있고 백운대 오름길에도 산님들로 빼곡히 정체를 빚는다. 주말에 삼각산을 즐기러 온 산님들로 인산인해를 이루고 있다. 백운암문을 통과하여 동장대로 가는 길에도 정체는 마찬가지다. 체력이 바닥날 줄 알았는데 아직까진 버틸만하다.

대남문에 들어서니 황O웅 선배님이 격려차 기다리고 계신다. 사모바위를 지나고 족두리봉 아래에서 또 물안개님 일행의 격려를 받는다. 산하에서 만난 인연들의 소중함을 다시 한번 느낀다. 날머리 독바위역에 도착하니 18시간30분이라는 긴 산행시간이 소리 없이 막을 내린다.

산은 필자에게 말한다. "삶이 단조로울 때나 고독을 즐기고 싶을 때나 누군가를 사랑하고 싶을 땐 언제든지 당신의 품에 안기라."고.

2. 천관녀는 기녀(妓女)였을까, 무녀(巫女)였을까?

-장흥 천관산-

동해바다나 서해바다의 일출 일몰의 풍광을 좋아하여 가끔 훌쩍 길을 떠날 때가 있다. 고향이 남쪽이라 남도여행 길은 항상 설렘을 동반하며 마음마저 포근하다. 구름에 달 가듯이 떠나는 여행길은 청명한 날도 좋지만 계절에 상관없이 비가 오나 눈이 와도 운치가 있어 좋다. 주말에 남도쪽에 비 예보가 있었으나 비는 만나지 못했다.

사랑하는 사람과 작은 우산 하나 받고 비 내리는 해변을 걸어보았는가. 난분분히 내리는 하얀 눈을 맞으며 산사 오솔길 따라 적막에 싸인 암자에 올라 노스님이 끓여 주신 작설차(雀舌茶) 한 잔에 시름을 놓아 본 적이 있는가.

천관산

멀고 먼 남도 천 리 길

서울에서 천 리 길이 넘는 장흥 천관산을 당일치기 산행으로 하기엔 조금은 버겁다. 하기야 예전 여행 습관으론 가능한 일이지만 정읍에 사는 친구 부부와 동행하기로 한 산행이므로 정읍에서 일박을 한다. 번개 통지를 받고 40년 지기 두 친구 부부가 익산과 광주에서 합류를 한다.

5년 전 해남 땅끝 마을까지 왕복 1000km 당일치기 여행이 회상된다. 새벽 4시에 서울에서 출발하여 땅끝을 돌아 완도 어시장에서 점심을 들고 장보고 거리축제를 보고, 해남 대둔사(구 대흥사) 박물관에서 완당 김정희 선생의 벗, 초의선사의 유적 유물을 만난 적이 있다. 상경 길에 영암 월출산 아래 온천에서 피로를 풀고 귀가하니 그날 하루해가 어찌나 길던지.

들머리를 어디로 할까? / 천관녀는 기녀였을까, 무녀였을까?

천관산 들머리를 장천제로 할까, 아니면 천관사로 할까? 고민하다가 혹시 전설 속의 천관녀(天冠女)를 만나 볼 수도 있지 않을까 하고 천관사 능선을 타기로 한다.

천관산(天冠山, 723m)은 신라 김유신 장군과 천관녀의 사랑 이야기 전설이 서린 곳이다. 혈기 왕성한 젊은 유신은 기녀(妓女)인지 무녀(巫女)인지 하는 한 여인과 사랑을 나눈다. 학문을 게을리한다고 어머니로부터 꾸중을 받은 유신은 다시는 그녀를 찾지 않기로 맹세한다. 그러나 어느 날 사냥 길에서 말 타고 귀가하는데 피로에 지쳐 말 잔등에서 존다. 애마는 평소 들락거리던 천관녀의 집으로 안내했나 보다. 깨어보니 자기 집이 아니고 그녀의 집이기에 단칼에 자신의 애마 목을 베고 귀가한다. 오매불망 떠난 임을 그리던 천관녀는 그 후 천관산에 숨어들어 머리를 깎았다는 전설이 내려오는 바로 그 산이다.

천관녀란 이름은 아마 그녀가 처음에는 기녀였으나 나중에 머리 깎고 경북 월성의 어느 암자에서 비구니로 살았다고도 하나, 필자의 생각으론 처음에는 기녀였으나 천관녀란 이름으로 보아 그 후에 입산하여 하늘을 떠받드는 무녀가 된 것이 아닌가 하고 추정해본다.

천관사 앞뜰에는 선정에 드신 반가사유상이 우리 일행을 맞이하고 있다. 어쩌면 바로 그 옛날의 천관녀가 아닐는지?

기암괴석에 넋을 앗기고

전국의 산하를 돌아보며 수많은 기암괴석을 만난다. 물형을 닮은 기암도 있고 석파 란(蘭)의 그림소재가 됨직한 괴석도 많다. 이곳 천관산의 기암은 빼어나다. 대세봉 오름길에서 건너다본 선인봉 능선의 기암들, 구정봉과 천주봉의 기암, 환희대에서 바라 본 천관사 능선의 대세봉, 구정봉, 천주봉의 기암과 농안제 쪽 지장봉의 늠름한 기상 모두가 하나같이 천관산의 아름다운 산세를 자랑한다.

도대체 누구의 작품이란 말인가. 여러 능선에 적당한 간격으로 배치되어 길손들에게 감탄의 인사치레를 받는다. 그 중에서도 구룡봉 능선에서 바라보는 진죽봉과 지장봉의 그림은 단연 압권이다.

일행은 연대봉 아래 억새밭에 자리를 펴고 먹자전을 연다. '황금오리 부부'가 직접 담군 복분자 한잔 술에 불콰해진 '꾀꼬리 부부', 광주에서 뒤늦게 달려온 '산그라 부부'도 허기진 배를 채우며 아름다운 풍광에 찬사를 보내기에 바쁘다. 멀리 다도해는 천관산보고 성큼성큼 걸어와 당신의 품에 안겨보라 하는 듯 가슴을 풀어헤치고 속살을 드러낸다.

소슬바람에 허리 꺾인 억새의 마지막 춤사위를 보며

환희대에서 연대봉 가는 억새평원엔 너울거리는 억새의 춤사위가 늦가을 소슬바람에 허리가 꺾인 채 넘실댄다. 이팔청춘을 넘긴 지가 이미 오래된 내 모습을 하고 있다. 며칠 전까지만 해도 흰 수염을 나풀대며 '으악새 슬피 우니 가을인가요?' 하며 가을의 절정을 노래했으리라.

자연의 순환은 한 치의 오차도 없다. 봄에 새싹을 틔운 파릇파릇한 생명이 여름철에 싱싱한 초록 세상을 살고 가을에 알록달록 치장하더니 겨울철에 접어들며 낙엽으로 구른다. 혹독한 겨울을 지나면 또 내년 봄엔 환생하겠지. 이것이 대자연의 윤회 아닌가.

인간의 생로병사의 순환도 대자연 법칙 속에서 한 톱니를 이룬다. 인생에서 늙음과 아픔의 고통이 없다고 치자. 모든 사람이 다 갈망하는 일이지만 얼마나 단조로울까? 그렇지만 늙음을 한탄하지 말고 아름답게 늙어가는 연습을 한다면 결코 나이 듦이 꼭 슬픈 일만은 아닐 것이다. '늙어감도 축복의 하나' 라고 설파한 어느 작가의 말이 잔잔한 감동으로 다가온다.

천관사 능선 오름길에선 진죽봉, 지장봉 능선의 아름다운 기암들이 발길을 붙들더니 반대로 지장봉 내리막길엔 천관사 능선의 대세봉, 구정봉, 천주봉 등이 길손의 발길을 더디게 한다. 산행길 내내 아름다운 기암들의 승천하려는 모습 때문에 일행들은 아름다운 산 그림에 푹 빠진다.

수정재를 돌아 산죽 터널을 지나 천관사 주차장에 도착한 일행은 헤어지기 섭섭하여 회진항 포구로 차머리를 돌린다. 횟집 주인이 잡았다는 크고 잘 생긴 돔 한 마리를 놓고 흥정하고 일행들은 늦은 귀갓길 정체도 아랑곳 하지 않고 깔깔대소회를 열다 보니 창밖 포구에도 이미 어둠의 그림자가 드리워졌다.

한 잔 술에 우정을 확인하고 늦은 밤 친구들의 배웅을 받으며 포구를 벗어나 어둠 속을 뚫고 긴 상경 길에 오른다.

3. 산하가족들과 불암/수락을 돌며

-불암산 · 수락산-

불암/수락을 돌며

햇살 한 자락 구름너울 타고 바람에 쫓겨
서산으로 서산으로 눈시울 붉히며 붉히며 길 떠나던 날
하늘처럼 파랗던 청산의 산들바람도
시절 따라 슬바람 되어 산허리를 돌아가는데

그대 지금 또 멀고 긴 인고의 산길을 꿈꾸고 있나
봉두난발 웬말이냐 민둥머리
불암 산자락 치마바위 주름 점점 깊어 가는데
수락의 기암은 왜

그리도 빼어남을 자랑하는가

돌아오는 춘삼월 호시절
105동, 106동, 107동
벌 나비 꽃등에 모두 불러 모아
단잠 자는 아기 코끼리 돌 종으로 흔들어 깨울까 보다

훠이 훠이, 산나비 벌과 함께
코끼리 머리에 바위철모 고깔 씌워 하강바위 건너뛰고
기차바위 태워 동막골 내려
사패/도봉/삼각으로 먼 길 소풍이나 떠나 볼거나

수락산 기차바위

4. 별유천지 기암의 천국, 기암의 나라
-월출산-

유홍준 지음 〈나의 문화유산답사기〉에 보면 강진/해남을 남도답사 1번지로 정하고 '아름다운 월출산과 남도의 봄' 을 책 글 내용 중 맨 처음 소개한다. 그만큼 남도엔 아름다운 문화유산이 즐비하다.

2주 전 장흥 천관산 가는 길에 영암 13번국도 변에서 바라본 월출산의 기암 봉우리가 눈길을 사로잡아 늘 마음 한구석에 자리하고 있었다. 안내산악회에서 월출산 산행이 공지되었기에 앞뒤 사정 보지 않고 산행예약을 했다.

저항과 항쟁 그리고 유배의 땅, 남도 길엔 풍성한 예향이 흐르고

고향이 남쪽이라 그런지 항상 남도 가는 길은 늘 마음이 편안하다. 아마 강진 해남 진도 등의 남도 땅은 고려 조선시대 항쟁의 역사와 한성에서 먼 반도 남쪽 끝 오지의 땅이기에 출중한 인물들의 유배의 역사가 점철된 곳이기에 더 예향 문화가 꽃핀 곳이 아닐까.

조선 최고의 사상가, 다산 정약용 선생의 18년 유배지 강진 땅이 지척이고 형 정약전의 유배지 흑산도가 바로 코앞이다. 선생은 이곳 강진에서 500여 권의 저술을 한다. 형 약전도 흑산도 귀양지에서 펴낸 〈자산어보〉는 우리나라 최초의 물고기 도감인 셈이다. 황토 땅 강진은 또한 경기도 광주 분원과 함께 조선백자 도예지로 유명하기도하다.

목포엔 남종산수의 종갓집, 운림산방의 소치, 미산, 남농으로 이어지는 남도의 허씨 화맥이 이어지는 곳이기도 하다. 또 해남 땅끝 마을에서 뱃길로 조금 가면 우리나라 국문학사상 시조시인의 제일인자로 꼽히는 고산 윤선도가 말년을 지내던 보길도가 있다. 그래서인지 이처럼 남도엔 어딜 가나 예향이 절절이 흐른다.

남도 길 13번 국도 길을 가다 보면 기암 봉우리가 길손의 시선을 잡아끈다. 온 산이 온통 바위 군으로 빙 둘러싸여 그 모습에 보는 이로 하여금 감탄을 자아낸다. 오늘은 아내와 함께 그 속살을 조용히 밟으며 기암의 나라에 잠시 머물러 남도의 정취를 흠뻑 느끼고자 산문을 들어선다.

월출산 종주길은 천황사 매표소에서 천황봉을 올라 구정봉, 향로봉을 거쳐 천년고찰 도갑사 절집으로 내려오는 종주길이 일반적으로 애용되는 산행길이다. 그러나 우린 구정봉을 갔다가 도갑사로 내리지 않고 금릉경포대로 하산하여 무위사를 들르기로 예정한다. 가는 길에 도갑사까지 들리면 좋겠지만 상경길이 너무 멀어 도갑사는 후일을 기약한다.

기암의 천국, 기암의 나라

천황사 매표소에서 우측 길로 접어들자 아직도 빨간 단풍이 가을을 못내 떠나보내기가 아쉬운 듯 붉은 대추 빛을 띠며 아직도 겨울을 거부한다. 조각 공원엔 4~50여 점의 조각들이 눈길을 잡는다. 디카로 몇 점 잡는 순간 선두는 고산 윤선도 노래 시비를 지나 바람골로 숨어버린다.

우측으로 장군봉을 바라보며 좌측으론 사자봉 능선을 바라보며 산죽길과 돌너덜 길을 숨을 몰아쉬며 오르면 곧 바람폭포 앞에 선다. 지금은 물이 말라 폭포는 말라있고 폭포 옆 약수터에서 약수 한 잔으로 갈증을 달랜다.

계단길을 오르며 사자능선의 실루엣을 잡아본다. 매봉과 사자봉으로 오르는 구름다리가 요즘 공사 중이라 통제되어 있음을 알리는 알림판이 통제구역에 줄을 달고 서 있다.

장군봉을 내려다보는 전망바위에 서니 사자봉 능선의 기암들이 실루엣으로 장관이다. 구름다리가 기암들 속에 실뱀처럼 걸쳐있고 매봉과 사자봉 오름이 마치 삼각산 숨은 벽 능선 전망바위에서 바라보는 설교벽과 숨은벽을 닮았다.

월출산의 속살을 바라보는 길손의 마음은 과연 기암의 천국, 기암의 나라에 와 있음을 실감한다.

월출산

천황봉 오름길에 통천문이 서서 검문을 한다. 세속의 속기를 다 털고 순수한 마음으로 통과하라고 한다. 기기묘묘한 바위 군을 감상하며 걷는 길에 피로한 기색도 없다. 오직 사방팔방으로 고개를 돌려가며 탄성만 내지르면 된다. 천황봉이 어서 오라 손짓하지만 눈의 시선은 자꾸 처처에 널려있는 기암들 속으로 파고든다.

정상에 서니 바람도 꽤 세고 산님들로 만원이다. 흔적 남기기에 바쁜 산님도 많고 너럭바위에 자리 잡고 기암 절경을 내려다보며 시장기를 때우는 산님들로 정상은 북적댄다.

서남쪽으로 향로봉 능선의 기암들이 즐비하고 구정봉이 우측으로 몇 개의 기암 봉우리를 달고 우람하게 서 있다. 천황봉에서 내려다본 구정봉 가는 능선엔 기암들이 만물상을 펼친다. 쇠락하는 억새는 석양에 가끔 은빛 너울을 흔들어대고 월출산의 기암 실루엣은 금강산의 일만 이천봉을 능가하지 않을까 싶다. 금강산의 봉우리가 일만 이천봉이라는 말은 그만큼 많음을 표현했으리라.

천황봉을 내려서면 구정봉으로 가는 가파른 내림길을 만난다. 그것도 잠시 기암 만물상이 길손의 발길을 붙들고 여기저기서 자태를 뽐낸다. 능선길을 걷다 자주 뒤를 돌아볼 필요가 있다. 거기엔 숨은 그림이 펼쳐 있어 즐거움을 선사하기 때문이다. 천황봉의 자태가 남성미를 자랑하듯 그렇게 웅장하게 서 있다.

아내와 도란도란 얘기를 나누며 걷다보니 어느덧 구정봉 아래 베틀굴을 만난다. 여성의 심볼을 나타낸 듯하기도 하고 깊은 맛을 보여주는 그 굴은 천황봉 쪽 남근석을 바라본다는 안내판이 웃음을 자아낸다.

좁은 협로를 통과하고 구정봉 정상에 서니 아홉 개의 홈이 패어 물이 고여 있다. 그리고 정상에서 바라보는 천황봉과 향로봉 능선의 기암들이 또 하나의 장관으로 다가온다. 멀리 목포 앞

바다가 아스라이 보이고 왼편으론 강진만이 안개 속에 갇혔다. 한참을 바람에 흔들리며 사방의 경관을 바라보는 재미가 일품이다.

후미 일행과 30분의 시차가 있기에 마애여래좌상이 있는 곳을 빠른 걸음으로 다녀올까 말까 한참을 망설이다 후일로 기약하고 향로봉 능선 길로 발을 뗀다. 그러나 이 길로 도갑사로 내려가면 좋으련만 이 길 역시 후일 다시 걷기로 하고 오던 길을 내려 금릉경포대길로 내려선다. 아쉬운 내림길이지만 오늘 하루 월출산의 속살 기암들과 무언의 대화를 많이 나눈 터라 그리 섭섭하지 않은 하산길이다.

천년 고찰 무위사 극락보전을 돌아보며

무위사는 원효대사가 창건하고 그 후 두 차례 중수했다고는 하나 작고 고색(古色)이 나는 작은 절집이다. 사천왕을 모신 일주문에 '월출산 무위사' 현판이 극락보전 앞에 배치되어 길손을 맞이한다. 경내엔 삼층석탑이 선각선사의 편강탑비와 자리를 같이 하고 있다. 조금 뒤편으론 마애불을 모신 당우가 산신각과 이웃하고 있다.

맞배지붕을 한 극락보전엔 본존불 뒤편에 탱화만 남아 있고 벽면의 벽화는 비바람에 그 훼손을 막기 위해 보존각에 보존하고 있으나 지금은 수리 중이라 직접 볼 기회를 잃어 서운했다. 서운함을 안고 절집을 떠나는 나그네의 발길을 석양도 알아차렸는지 잠시 어둠을 물린다. 일행은 월출산의 넉넉하고 아름다운 기암을 뒤로하고 영암을 돌아 먼 상경 길에 오른다.

5. 절대 평등의 산, 광주의 진산

-무등산, 1186m-

산문에 들어서면 숲 그림자만 보이고
오직 해, 구름, 바위, 산새, 솔 향은 운형수제(雲兄水弟)라
공갈, 사기 경제 꾼 소리 들리지 않고
허튼 개혁 부르짖는 정치꾼 소리 또한 들리지 않네

산 깊어 속세 티끌 멀리 할 수 있고
산새 소리 정겨워 속된 사연 아니 들리니
운형수제 모인 곳 이곳이 천국일세

숲 속의 가족은 풀, 나무, 산새, 구름, 기암이라
권커니 잣거니 잔 술 몇 순배 돌 즈음

풀어 제친 산 이야기보따리 끝이 없고

실루엣 산마루 넘는 노을도 고향 찾아가는데
불콰해진 길손 얼굴은 노을과 동색이라
숲 속의 가족 운수(雲水)의 정은 깊어만 간다

광주 남동쪽에 있는 무등산은 광주와 담양군 · 화순군과 경계에 있는 산으로 무악(武岳) · 무진악(武珍岳) · 서석산(瑞石山) · 입석산(立石山)이라고도 한다. 1972년 5월 22일 도립 공원으로 지정되었다. 무등산은 해발 1,186m 잔구(殘丘)로서 나주평야를 내려다보는 산중에는 많은 명승고적이 있다. 무등산 일대에서는 김덕령(金德齡) 장군을 비롯한 많은 열 · 지사(志士) · 문인 · 예술가 · 정치인 등이 배출되었으며, 또 무등산의 정기는 광주학생 운동을 일으킨 원동력이 되었다.

광주에서 무등산에 오르는 주요 등산로는 증심사(證心寺)를 기점으로 하는 용추계곡(龍湫溪谷) 등산로와 원효사(元曉寺)를 기점으로 하는 원효(元曉)계곡 등산로가 있다.

일주일 전에 광주에 사는 '산그락' 친구 목소리가 휴대폰을 타고 안부를 묻는다. "주말에 특별한 약속이 없으면 무등산이나 같이 가자."는 반가운 전화다. "친구들에게 연락하여 토요일에 내려와 저녁이나 함께 하자."는 내용이 추가된다. 전국에 흩어져 사는 님들에게 번개공지를 하고 주말이 되기만을 기다린다.

서울에서 임거(꺽)정님과 화씽(화려한 싱글)님이 동행하고 정읍에서 황금오리(M)님이 합류한다. 우리 일행은 광주 산그라 부부 아파트에 도착하여 차려놓은 진수성찬에 또 한번 감격한다. 전라도 음식의 별미, 홍어회가 상 가운데에 떡 버티고 앉아 있고, 여러 가지 생선회(돔, 낙지, 게불, 멍게 등)에 갈비찜 그리고 17년산 위스키, 맥주, 소주가 애주가들의 기호에 따라 간택되기를 기다리고 서있다. '상다리가 부러진다' 는 말은 이럴 때의 표현인가보다.

아내가 입을 쩍 벌린다. 우리 집에 초대했을 땐 된장국에 소주만이 메뉴로 등장하는데 도무지 정성껏 마련한 진수성찬에 젓가락대기가 조금은 부끄럽다. 하지만 타고난 식성과 식탐으로 밤늦도록 만찬을 즐긴다. 어느 전문 요리사도 이 맛과 품격을 만들기는 어려우리라. 늦은 밤 광주의 만찬은 불콰해진 친구들의 홍안을 마주보며 얘기꽃을 피우며 그렇게 훌쩍 지나갔다.

이튿날 아침 간단히 사우나에 가서 피로를 푼다. 전 날 몸 컨디션 때문에 참석치 못했던 정읍의 황금오리(Fe)님이 자기 짝을 찾아 합류하여 일행은 광주의 진산, 무등산을 오른다. "내려올 산을 뭐하러 올라가냐?"는 화려한 씽글님을 구슬려 천연기념물, 입석대를 구경시킨다.

쉬엄쉬엄 산길을 돌아 장불재로 올라선다. 장불재를 넘어 능선의 동쪽 사면에는 입석대(立石臺) · 서석대(瑞石臺)가 병풍처럼 둘러처져 산객의 눈을 사로잡는다. 정상 가까이에는 수신대(隨身臺)가 있다. 입석대는 장불재에서 동쪽으로 200m 가량 가

입석대

면 나타나는 무등산의 대표적인 경승지로, 단석 위에 20 m 가량의 입석(立石)이 마치 석공의 다듬질을 받은 것처럼 서 있다. 서석대는 돌무더기가 모여 수정병풍을 이룬다.

서석대 내려가는 비탈길 응달엔 빙판길로 초자 산꾼들에겐 혹독한 훈련 코스였다. 전원 안전 무탈하게 빙판길을 내려 황금오리 부부가 사준 담양 떡갈비로 허기진 배를 채운 뒤 찐한 우정을 확인하고 뿔뿔이 헤어져 늦은 밤 상경길을 재촉한다,

6. 빗속의 소백산 철쭉은 고개를 숙이고

-소백산-

연초록에 대한 그리움은 사무치게 그립다. 연초록 나무 이파리 색깔은 청순한 소녀의 마음을 닮아 제일 좋아하는 색깔이기도 하다. 그 이파리 사이를 날며 작은 산새 암수가 사랑을 고백하는 숲 속 길을 걷고 싶었다. 실바람 속에 살랑거리는 그 이파리 사이로 간간이 쏟아지는 봄 햇살 또한 싱그러울 것이다. 난 그런 숲 속을 괴테처럼 사유하며 마냥 거닐고 싶다.

그러나 모로 돌아누운 잔인한 세월은 이를 허락하질 않는다. 주말이면 아내와 산으로 향하는 발걸음을 놓은 지도 20여일이 지났다. 작은 수술 후 한 달간 요양을 명받았기에 산행을 삼가는 중이다. 아파트 발코니에서 바라보이는 산 그림은 연초록에서 이젠 온통 진초록의 모습으로 변했다.

아내도 나와 보조를 맞추느라고 그동안 산행을 접고 있었다. 그런데 며칠 전 퇴근길에 이번 주말은 소백산에나 다녀오자고 제의한다. 소백산 비로봉이 갑자기 보고 싶단다. K산악회에 자리 예약을 하고 나니 주말에 비가 내린다는 예보가 뜬다. 비오는 소백의 모습이 그리워 예약을 취소하지 않고 강행하기로 한다.

하염없이 내리는 빗속을 뚫고 산길을 오른다. 비로사 갈림길을 뒤로하고 비로사는 먼발치로 곁눈질한다. 초록 세상에 들었다는 즐거움 하나로 아직은 빗길이 싫지 않다. 산길을 오르는 산님들과 앞서거니 뒤서거니 하며 산길을 오른다.

30여 분 올랐을까. 갑자기 어지럼증 때문에 오르던 길가에 장승처럼 우뚝 길가에 멈춰섰다. 아직 몸이 완전히 회복되지 않았음인지 현기증 때문에 가던 길을 잠시 잠시 멈추고 안간힘을 쏟으며 신갈나무에 기대는 횟수가 많아졌다.

우중산행을 즐기던 과거의 내 모습은 온데간데없고 가다 서다를 반복하는 모습을 보고 아내는 불안한 눈초리를 보낸다. 중도에서 산행을 포기할까도 생각해보지만 이미 산악회 버스는 날머리인 희방사 주차장으로 기수를 돌렸으리라.

간간이 산길에 연분홍 철쭉꽃의 우아한 자태에 감탄사를 쏟다보니 현기증도 사라졌다. 고도를 높이자 철쭉꽃도 사라지고 키 작은 풀들이 강풍 속에 드러눕다 일어서곤 한다. 안개와 운무 속에 몸을 맡기고 길을 재촉하니 어느덧 비로봉 정상이다.

한 겨울 소백산의 칼바람을 맞아보았는가. 지금은 초여름인데도 소백산 정상엔 칼바람이 불고 있었다. 비로봉 정상에 5분도 머물러 있지 말라고 비바람을 동반한 강풍은 산객들을 밀어낸다.

운무 속에 속살을 드러내지 않는 연화봉을 향하여 긴 계단길을 내린다. 주목 군락지도 안개와 운무 속에 숨는다. 가끔 흘러가는 운무 속에 주목이 살짝 얼굴을 내밀다가 이내 곧 운무 속으로 숨바꼭질을 한다.

시장기가 돈 지는 이미 오래되었다. 그러나 비를 피할만한 곳도 없다. 능선에 부는 칼바람은 한겨울의 소백산 칼바람이 어느 정도일까를 짐작케 해주기에 충분했다. 키 큰 철쭉 숲 길엔 연분홍 꽃망울이 맺어져 있을 뿐 만개하기엔 일주일도 더 소요될 듯싶다.

강풍과 계속되는 빗줄기는 아내의 입까지도 자물쇠를 채우고 만다. 어느덧 현기증도 사라져 본래의 내 모습으로 돌아와 가끔 뒤돌아보며 질퍽거리는 팥죽 길을 안전하게 내려서라고 눈으로 안부를 확인하곤 한다.

사방을 조망할 수 없는 여건 때문에 능선길이 얼마나 지루한지 처음으로 우중산행이 싫어졌다. 비바람을 그을 만한 곳이 없어 계속 시장기를 안고 산을 내린다. 제1연화봉을 지나 철쭉 숲길에 비를 맞으며 선 채로 점심을 든다. 아내가 꼭두새벽에 정성들여 준비해 온 찰밥을 빗물에 적셔가며 먹는데도 꿀맛이다.

천문대를 지나 산길을 내리는데도 비는 그칠 줄을 모른다. 조금은 짜증스럽기까지 하다. 몸 컨디션이 정상이 아닌 탓인지 우중산행이 즐겁지 않다. 제대로 쉬지도 못하고 계속된 산행 탓에 피로도 겹쳐오는 듯 발걸음이 천근만근이다.

두개의 스틱으로 겨우 몸의 균형을 잡고 산길을 내리니 평소보다 두 배의 힘이 드는 듯하다. 운무 속에 희방사 대웅전의 용마루가 보일 때쯤 계곡의 물소리도 힘차게 들려왔다. 절집도 주마간산 식으로 둘러보고 만다. 숲길로 난 희방폭포 앞에 서니 이제야 피로가 눈 녹듯 사라진다.

의사 선생님의 권고를 무시하고 자신의 건강만 자신하고 감행한 초록산행 맛이 이토록 힘 들 줄이야. 상경 길 내내 차창에 부딪히는 세찬 빗줄기와 비로봉-연화봉 능선의 연분홍 철쭉 꽃망울이 오버랩되는 잔잔한 잔영을 즐기며 눈을 감는다.

7. 곡신산방에서 월악으로

-월악산-

K형 부부와 며칠 전 늦은 밤 올림픽 공원 산책길에서 C형으로 부터 반가운 전화 한통을 받았다. 주말에 특별한 약속 없으면 살구 따러 '곡신산방'(谷神山房)에나 가잔다. C형은 10여 년 전에 어래산아래 월악산자락 광천마을에 1,000여 평을 사 과수원을 만들어 놓고 콘테이너 두 동을 세워 한 채는 숙소로, 다른 한 동은 서재로 '곡신산방'이란 서재 명을 붙였다. 주말이면 150여 km나 되는 그 곳까지 단숨에 달려가 자연 속에 파묻혀 기를 받고 상경하곤 한다.

어젯밤 우리 셋은 서울에서 밤 10시가 다 된 시각에 월악산자락으로 배낭을 꾸려 반개한 달의 호위를 받으며 곡신산방에 도착하였다. 광천마을에서 산길 오솔길 농로를 따라 300여 m를 올라가 산방에 도착하니 계류소리가 밤의 정적을 깨운다. 시각은 자정을 이미 지나 00:30분을 가르치고 있다.

산방은 개울을 앞과 옆에 두고 운무에 싸여 있는지라 그 밤 정취 또한 그윽하여 뜨락에서 계류소리와 솔바람소리를 들으며 바로 술상을 벌인다. 옛 선비들이 이런 풍류를 즐겼으리라. 주말에 한 번씩 내려와 과수원도 돌보고 밤에는 산방에서 독서하는 그의 모습이 상상되어 부럽기 한이 없다. 이런 저런 세상 살아가는 이야기를 하다 보니 어느덧 두시가 훨씬 지났다.

산방 숙소에서 계류소리에 눈을 떴다. 이른 새벽 5시에 계곡을 산책하고 오니 주인장은 벌써 아침식사를 준비하고 있다. 두세 시간 밖에 눈을 붙이지 않았는데도 몸이 날아갈듯 사뿐하다. 텃밭에서 상추 한 줌을 뜯어 쌈을 하니 꿀맛이다. 주인장은 과수원 일을 하기로 하고 K형과 둘이서 염치불문하고 월악 영봉을 오르기로 하고 수산리 보덕암 주차장까지 자가용으로 안내를 받았다.

월악산을 홀로, 아내와 둘이서 그리고 어떤 묘령의 아가씨하고 세 차례 오른 적이 있다. 모두 송계계곡 방향을 들머리로 했다가 날머리로 같은 원점 회귀 산행이었다. 그러나 오늘은 월악의 진수를 맛볼 수 있는 하봉–중봉 코스라 오르기 전부터 기쁜 마음을 감출 수가 없다.

보덕암 주차장에서 산방 주인장은 우리를 내려놓고 날머리 신륵사에서 오후 1시에 만나기로하고 헤어지는 마음은 미안하고 염치없는 마음뿐이다.

산길을 돌아 조금 오르니 아담한 보덕암이 나타난다. 절집 대웅전이 산을 뒤로하고 정좌하고 있다. 요사채 댓돌에는 스님의 고무신 한 켤레가 가지런히 정적 속에 놓여 있어 인기척 내기가 미안하다. 절집 옆 오솔길로 접어드니 숲 향이 그윽하다.

산길은 월악 여느 코스보다 오름길이 가파르다. 이따금 이슬 먹은 들꽃이 반길 뿐 고요하다. 길섶에 산수국이 요염하게 자태를 드러낸다. 검단산엔 산수국이 7월 하순경에 개화하는데 이곳은 개화 시기가 조금 빠른 듯하다. 까치수염은 벌써 반은 꽃이 털려있다.

아침 반주 때문인지 숨이 턱까지 차오른다. 가파른 오름길엔 땀으로 미역을 감는다. 땀을 훔치며 산 아래를 내려다본다. 운무 속에 마을과 광천이 흐릿하다. 그러나 기분은 숲 속 길인지라 상쾌하기만 하다.

구슬땀을 흘리며 한 시간 이상을 훨씬 넘겨 하봉 안부에 닿는다. 갈증에 토마토 한 입을 베어 문다. 산에서는 갈증을 해소하기로 물도 자주 마시지만 과일을 먹는 게 갈증해소엔 더욱 효과가 있다.

안부에 도착하니 하봉 아래에 '등산로 없음' 'No Trails'라는 팻말이 걸려있다. 그러나 하봉을 오르지 않고 그냥 지나치기엔 영 찜찜하고 서운하다. K형이 "하봉에 올라가 볼까?"하고 먼저 제의한다. 홀로 산행 시엔 릿지를 즐기지만 동행인이 있을 땐 내가 먼저 릿지를 제안하지는 않는다. 속으로 "그래, 잘됐다.”싶어 그러자고 하고 밧줄을 잡는다.

하봉 정상에 올라보니 전망이 좋다. 운무에 가렸지만 가끔씩 바람에 실려 베일을 벗곤 한다. 반대쪽 암벽 길을 조심해 내려간다. 하봉 우회길이 있겠지 하고. 어렵게 크랙에 의지하고 암릉을 내리니 소로길이 열려 있다. 오솔길을 한참을 내려가도 우회 길은 보이지 않고 내림길 연속이다.

내려가던 길을 멈추고 다시 하봉을 반대로 오른다. 다시 밧줄을 타고 안부로 내려와 중봉 가는 길을 들어선다.

중봉–영봉 가는 길은 좀처럼 편안한 길이 없다. 가파른 오름길과 많은 나무계단이 호흡을 거칠게 한다. 영봉 아래 갈림길까지 산행객을 한 사람도 만나지 못했다. 갈림길을 지나 계단을 오르니 한 무리 산님들이 내려온다.

서로 산행인사를 나누며 지나는데 나이 지긋한 한 산님이 머뭇거리다 “막걸리가 좀 남아 있는데 드실려우?” 그러신다. 배낭 속에 물과 과일만 달랑 있던 차에 “예, 주세요, 고맙습니다.” 하고 넙죽 받아 챙긴다. 뚜껑도 따지 않은 포천 이동 막걸리 한 통을 선물 받으니 어찌나 기분이 좋은지 싱글벙글댄다. 이를 본 K형 왈, “술꾼은 얼굴에 씌였나 봐, 하하하” “그러게 말이유.” 하고 둘이서 마주보며 웃어젖혔다.

정상에 오르니 산님 두 분이 휴식하고 있다. 이 산님들과 보시 받은 막걸리로 목을 축이니 폐부까지 찌르르하니 술 내리는 느낌이 시원하다. 흘러가는 운무 속에 산 그림은 한 폭의 동양화다. 한참을 서성이니 산객들이 삼삼오오 짝을 지어 구슬땀을 흘리며 영봉으로 모여든다. "자, 우린 방 빼줍시다."하고 계단길을 내린다.

약속시간을 넘겨 터벅터벅 길을 내리니 저편에서 산방 주인이 우릴 마중하러 오고 있었다. 길가에 복분자나무가 많다. 어느덧 신륵사 절집이 보인다. 산방으로 돌아가는 길에 산채비빔밥 한 그릇 하러 음식점에 들렀으나 준비가 안 된단다. 저녁에 구우려고 덕산면 소재지까지 나가 정육점에서 고기 600g을 사왔으니 그걸로 참숯 숯불구이나 하자고 길을 재촉한다.

산방 뜨락에서 참숯에 불을 일궈 늦은 점심과 함께하는 고기 맛과 소주 맛은 그야말로 일품이다. 술을 많이 들지 못하는 K형도 거의 한 병 가깝게 마시고서는 단잠에 떨어졌다. 잠시 눈을 붙이고 깨어보니 주인장은 제초기를 메고 넓은 과수원의 풀을 거의 다 정리한 상태다. 미안한 마음으로 장갑을 끼고 뜨락의 잡초 몇 뿌리를 뽑는 것으로 일을 막음한다.

산 속이라 어둠이 빨리 오는지라 흐린 하늘에선 빗방울이 하나 둘씩 내리기 시작한다. 짐을 정리하여 산방을 뒤로하고 월악의 영봉을 바라보며 국도를 달려 귀경길에 오른다.

8. 장회나루에 추억을 묻고

장회나루를 출발한 유람선은 물살을 가르며 제비봉을 돌아 막 방향을 바꾸고 있었다. 유람선 선장이 마이크를 잡고 관광 안내방송을 시작하면서 관광객들에게 팝콘 캔을 들어 보이며 한 개씩 나눠주겠단다. 동시에 선실 안엔 환호성과 함께 박수가 터졌다. 잠시 후 마이크에선 "대신 배달료는 2,000원 받습니다."라는 말이 터져 나오자 "우--"하고 웃음바다가 되었다. 충주호 유람선 관광은 이렇게 선장의 걸쭉한 입담과 함께 시작되었다.

며칠 전부터 아내와 나는 주말에 동해바다를 다녀올까, 서해바다에서 낙조를 볼까 하고 의논하다가 충주댐 장회나루에서 유람선 관광으로 결정이 났다. 내 무릎 연골이 아직 낫지 않아 산행은 무리여서 강원도를 여행하며 드라이브 길로 많이 이용했던 충주 호반 길을 택한 것이다.

충주호에 충주나루, 월악나루, 장회나루 그리고 청풍나루 등 네 개의 나루터가 있다. 그 중에서 장회나루를 선택하여 유람선을 탔다. 단풍철이라 아침 일찍 서둘렀는데도 나루에 도착해보니 벌써 여러 대의 대형 관광버스가 주차장에 도착하여 관광객을 토해내고 있었다. 월악 계곡으로 막 접어들기 전까지 안개에 가려 산이 보이지 않았다. 그러나 송계 계곡에 막 접어드니 월악산 영봉부터 내려온 단풍이 불타고 있다.

이 호반 길은 나에겐 익숙한 길이다. 지금부터 20여 년 전 그러니까 남한강이 수몰되기 바로 두 해 전 탐석(수석)에 한 2년간 몰두한 적이 있었다. 비가 오나 눈이 오나 휴일이면 수석 동호인들과 관광버스를 전세하여 수석 산지인 이곳 남한강 돌밭을 샅샅이 뒤졌다. 목계, 학수머리, 월악, 덕산, 수산, 청풍, 단양, 괴산 멀리는 문경, 점촌, 영순까지 돌밭을 돌며 수많은 돌과 대화를 나눴다. 명석 한 점 얻기 위하여, 소유의 집착이 많았던 젊은 날 그리 많이 다니던 돌밭이 충주댐이 건설되면서 돌밭이 물에 잠기었다. 나는 지금 유람선을 타고 60m-100m 강물 속에서 20년 전의 그 돌밭을 찾고 있는 중이다.

갑자기 선장의 목소리가 들려온다. “천 원짜리 지폐에 등장하는 인물이 누구인지 아시나요?” 하고 유람선 관광객들에게 질문을 던진다. 나는 그때 갑판에 나와 아내와 함께 투구모양을 한 봉우리 하나를 쳐다보고 있었다. 이름하여 신선봉이다. 투구 같이 생겼다하여 투구봉이라고도 한다나. 선실 안쪽에서 어느 젊은 여자 관광객이 “이율곡이요!” 하고 대답하나 보다. 선장은 “이율곡 선생이 아니고, 퇴계 이황 선생의 초상화 입니다” 하고 정정하는 소리가 들린다.

이어서 설명이 이어지는데 퇴계 선생이 9개월 정도 단양 군수로 역임하신 적이 있었단다. 그러면서 눈을 들어보란다. 신선봉 아래 나지막한 물가에 묘 하나가 보이냐고 하기에 일제히 묘 하나 찾기에 열중이다. 묘 하나가 물 수면에서 그리 높지 않은 곳에 제비봉을 올려다보며 덩그렇게 누워 있었다. 선장의 설명이 이어진다. 그 묘 주인은 ‘안두향’ 이라는 기생의 묘인데, 그녀는 6개월간 단양군수를 지낸 퇴계 이황을 밤에는 모시지 않고 낮에만 모셨다고 익살을 섞는다. 지금도 퇴계 선생을 존경하는 후학들이 4월엔 어김없이 찾아와 ‘두향제’ 를 지낸다고 덧붙인다.

강을 따라 내려가면서 바라보이는 신선이 내려왔다는 강선대는 층층 기암절벽을 이루고 있다. 산수화, 진경산수화, 그림으로 보던 조선시대의 겸재 정선의 산수화들이 머릿속에 겹쳐져 아롱져 온다. 단양 8경중 하나인 구담봉엔 송이버섯 바위, 거북바위 등을 품고 있는데 보이느냐고 선장이 묻는다. 기기묘묘한 자태의 바위들이 함성을 내지르고 서 있다. 옥순봉에도 단풍은 기도바위와 두꺼비바위를 품에 안은 채 불타고 있다. 가까이 450m 길이의 옥순대교 조형물이 진경산수화에 먹물 한 점을 떨어뜨렸구나. 청풍과 제천을 잇는 인간의 편리함을 추구하기 위해 만든 다리 하나가 어쩐지 자연 경관을 해친 것 같다.

저수용량 27억 5천만 평방미터의 충주호는 우리에게 용수와 전력을 주고 관광 자원까지 선사하는구나. 물 속 깊이 박힌 수석 한 점은 수마되길 거부하며 천년을 잠자려나. 월악 선착장에서 출발한 유람선 한 척이 멀리서 다가오더니 쾌속으로 미끄러져와 작은 물보라를 밀어내며 우리 배를 앞지른다. 타고 있던 이방인들이 이쪽을 향하여 일제히 손을 흔들어대니 이쪽 사람들도 그네들에게 손을 흔들어 주고 있었다. 그러나 지금부터 500년 전에 퇴계 이황 선생의 수발을 들던 기생 안두향을 생각하느라고 누가 먼저 손을 흔들어댔는지 나는 모른다.

9. 적멸보궁 정선 정암사를 찾아서

짧은 여름휴가를 나 홀로 강원도 내륙지방 여행으로 잡고 가리왕산 산자락에서 일박을 했다. 가리왕산은 태백산맥의 주봉 역할을 하는 산으로 해발 1,561m의 명산이다. 등산화 등 준비 소홀로 다음을 기약하며 정선 정암사로 향한다. 여행이 우리 인간에게 예나 지금이나 변함없이 주는 선물은 일상생활에서 벗어나는 즐거움과 아름다운 자연과 문화유산을 보는 기쁨, 그리고 맛있는 향토음식을 맛볼 수 있는 기쁨 등이 있다. 그 중에서도 특히 여행은 자기성찰의 기회를 가져다주고 세상 사람들과 만나는 소중한 시간을 준다.

정암사는 강원도 정선군 고한읍 고한리 태백산 기슭에 위치한 조그만 사찰로 부처님 진신사리를 모신 적멸보궁 중 하나이다. 대한 불교조계종 제4교구 본사인 월정사(月精寺)의 말사이다. 자장(慈藏)이 636년(선덕여왕 5)에 당(唐)나라에 들어가 문수도량(文殊道場)인 산시성[山西省] 운제사(雲際寺)에서 21일 동안 치성을 올려 문수보살을 친견(親見)하고, 석가의 신보(神寶)를 얻어 귀국한 후 전국 각지 5곳에 이를 나누어 모셨다. 그 중 한 곳이 이 절이었다고 한다.

신보는 석가의 정골사리(頂骨舍利)와 가사 · 염주 등인데, 지금도 사찰 뒤편 태백산 줄기에 보물 제410호인 수마노탑(水瑪瑙塔)에 봉안되어 있다. 그래서 법당에는 따로 불상을 모시지 않는다. 이처럼 부처님의 진신사리를 모신 전각을 적멸보궁이라 한다. 우리나라엔 신라의 승려 자장 율사가 당나라로부터 돌아올 때 가져온 부처님의 사리와 정골을 나누어 봉안한 5대 적멸보궁이 있다. 양산 통도사, 오대산 중대, 설악산 봉정암, 태백산 정암사 그리고 영월 사자산 법흥사의 적멸보궁이 그것이다.

정암사로 들어서니 일주문이 옆으로 비켜서서 나그네를 맞는다. 오른쪽엔 적멸보궁이 위치하고 뜨락 입구엔 보리수 한 그루가 수문장처럼 버티고 서있다. 절 마당에 꽂아놓은 자장율사의 지팡이가 보리수로 자랐다는 전설 같은 안내문과 함께 고풍스런 모습으로 세월을 견뎌가고 있었다. 보궁 안엔 많은 신도들의 참배가 이어지고 있다. 앞마당에 서서 흐트러진 몸과 정신을 가다듬고 잠시 돌부처가 된다. 합장하는 마음은 경건하다. 적멸보궁 건물 처마를 바라보니 산 중턱에 수마노탑이 서 있다. 수마노탑까지 돌계단을 걸어 올라가니 땀이 등줄기를 쪼르르 타고 내린다. 무더운 날씨에 바람 한 점 없다. 수마노탑에서 멀리 산세를 살피는 길손의 모습이 마치 풍수지리가가 된 듯하다. 좌청룡, 우백호도 아닌 산세요. 변산 내소사처럼 한 눈에 보아도 명당자리도 아닌 듯한데, 부처님 진신 사리를 이곳에 모셔 많은 참배객을 부른다.

절 마당에 있는 약수 한 잔에 흐르는 땀을 씻고, 나그네는 정선을 돌아 단양, 충주를 거쳐 늦은 상경길을 재촉한다. 전날 점심에 먹은 정선역 동광식당의 '메밀 콧등치기 국수와 황기 족발' 맛을 아내에게 자랑하고파 차를 급히 몰았다. 간간이 백미러에 부딪히는 빗방울 속에 뒤차의 전조등 불빛이 아롱져 눈을 피로하게 만든다.

10. 관음도량 소백산 구인사를 다녀와서

불교신자가 아니라도 구인사 얘긴 주변 어느 누구의 입을 통해서도 한번쯤 기도발이 잘 듣는 사찰이라고 들었을 것이다. 아내도 몇 년 전에 지나가는 얘기로 나한테 그런 얘기를 한 적이 있다. 강원도와 충청도 여행길에 구인사 행선지 팻말이 눈에 가끔 보일 때마다 다음엔 꼭 들려야지 하기를 수차례, 아내는 아예 9월 마지막 일요일에 구인사행을 정해 놓고 기다리고 있었다. 이른 새벽에 집에서 출발하여 여주 휴게소에서 우거지 해장국으로 아침식사를 한다. 안개가 피어 오른 나지막한 산들이, 누른 벼가 익은 들판이 영화 속의 한 장면처럼 시야에 들어온다.

우리는 중부고속도로를 타고 가다가 호법 IC에서 영동고속도로로, 다시 만종 IC에서 중앙고속도로로 바꿔 타고 가깝고 먼 산의 경치를 구경하며 단양의 도담삼봉 앞에서 잠깐 쉰다. 정자를 내려다보고 있는 우리에게 누군가가 다가와 말을 걸었다. "즉석사진 한 장 찍으세요." 돌아보니 초로의 시골 사진사다. 아내에게 "한 장 찍을까?" 했더니 빙그레 웃는다. 일금 3,000원을 주고 받아든 사진 속의 인물들은 꽤 다정하게 꼭 붙어 다음 생까지도 동행할 폼으로 웃고 있다. 산을 돌고 내를 건너 200여 Km를 달려 소백산 구인사 주차장에 도착한다.

구인사는 충북 단양군 영춘면 백자리 132-1 번지 소백산 구봉 팔 문 중 제4봉에서 흘러내린 산줄기 영추봉 계곡(해발 708m)에 중국 무협 영화에 나오는 절처럼 대법당, 조사전등 50여동의 건물들로 계곡 양편에 빽빽하게 들어차 있다. 대한불교 천태종의 총본산으로 상월원각 대조사가 억조창생과 구제중생이라는 뜻을 가지고 1945년에 창건하신 대가람이다. 우리나라 최대의 관음 영험 사찰 기도처로 이름나 있기도 하다. 누구든지 소원을 빌면 한 가지 소원은 이루어진다 하여 더욱 유명하다. 우리는 절 안내도를 유심히 보다가 너무 많은 건물로 꽉 차 있어 놀랐다. 서예가 일중(一中) 김충현(金忠賢) 선생이 쓴 "小白山 救仁寺" 일주문 현판이 계곡 현관에 호랑이처럼 떡 버티고 서서 우리를 내려다본다. 비탈진 길을 앞에서 오르며 아내를 이끄는 손은 신혼 때처럼 감촉은 없었으나 밋밋하지는 않다.

일요일이어서 그런지 구인사 신도들이 3~4일씩 숙박하며 기도 참선하는 사람들이 많다. 5층 대법당엔 비신자인 관광객 전용 법당이 있다. 아내와 나는 기도비를 헌금하고 참배를 한다. 스님 네 분이 한 조를 이루어 독경하고 북치며 독경소리의 강약을 오묘하게 조율하며 염불삼매에 빠진 듯하다. 관광객들은 합장하고 모두 기도에 열심이다.

우리는 살짝 법당을 빠져 나와 계곡 제일 위쪽에 위치한 조사전에 들린다. 상월원각 대조사를 모신 곳이다. 조사전 옆으로 영추봉으로 오르는 작은 길이 있는데 "관광객은 절대 출입금지"라는 팻말이 군데군데 꽂혀 있다. 우리는 이를 무시하고 소로를 따라 계단을 굽이굽이 돌아 영추산 정상까지 오르니 상월원각 대조사의 유택이 있다. 신도들만이 줄을 지어 참배하고 있다. 불교 스님들의 화장 문화 대신에 매장되어 있어 몹시 의아스러웠으나, 돌아가시면서 유언으로 매장해 달라고 하여 그랬다는 것이다. 아내는 스님이 화장을 않고 매장했다는 사실에 대하여 참으로 이상한 일이라고 산에서 내려오며 고개를 갸우뚱거린다.

불교신자는 아니지만 진작부터 아내는 구인사에 와서 기도를 드리고 싶어 했다. 그런데 유택을 보고 조사전 창문에 금 매끼를 한 것 등을 보더니 자꾸 고개를 저어댔다. 아마 실망했다는 표현으로 나는 이해했다. 종교가 다 그런걸 아내는 몰랐을까? 나는 속으로 '기도도 좋지만 실천이 더욱 중요한 거야.' 라고 말하고 있었다. 몽매한 중생이 부처님을 욕보이나 싶기도 해 죄스런 마음이 든다. 하지만 지금 현재가 극락이고 지옥이지, 현생이 따로 있고 내생이 따로 있겠나? 지금 현재 이 순간을 최선을 다 해서 살자. 그리고 잘못을 반성하고 허물을 고치자. 산에서 내려와 분주하게 상경길을 재촉한다. 앞차 꽁무니를 열심히 따르다 보니 어느덧 서울이란 이정표 팻말이 시야에 들어온다.

11. 관동팔경
-오봉산 낙산사-

"딸그락 딸그락…" 이른 새벽인데 주방에서 나는 소리에 잠을 깼다. 창밖엔 비가 내리고 아내는 오늘 동해바다 구경 간다고 준비를 단단히 한다. 어제 혼자 여행길을 떠나겠다고 아내한테 허락을 받아 놨는데, 박경리의 '토지'를 읽다가 비가 이틀 동안 내린다는 예보도 있고 해서 그만 주저앉았다. 그런데 아내가 동해 바다가 보고 싶다고 해서 오늘 새벽 빗속을 달려 동해바다를 가슴에 껴안는다.

두 시간쯤 달리니 강릉이 보이고 곧 이어 38선 휴게소가 보인다. 자판기에서 커피 한 잔을 뽑아 홀짝거리며 동해바다를, 푸른 동해바다를 응시하다가 가슴이 탁 트이는 감을 느껴본다.

해마다 서너 번은 동해바다를 구경하곤 했었다. 지난번에 들렸던 하조대가 오른쪽으로 보인다. 핸들을 돌려 하조대 주차장에 차를 세우고 계단을 올라 육각정 하조대에 오른다.

멀리 바다가 그림처럼 보이고 해변엔 기암절벽이 우뚝 솟아 있고 안내판에는 조선 개국 공신 하륜과 조준이 이곳에서 만년을 보내며 지냈다고 하여 하씨와 조씨 성을 한자씩 따서 '하조대'라 칭하였다고 쓰여 있다. 노송이 어울려 아름다움은 극치를 이루고 있다.

차를 몰아 해안도로를 타고 양양으로 올라가니 오봉산 낙산사가 쉬어가라고 손짓을 한다. 낙산사는 671년(신라 문무왕11년)에 의상대사가 창건한 3대 관음기도도량 중 하나로서 양양군 강현면 전진리에 소재하고 있다. 858년에 범일이 중건을 하였으나 6.25때 소실되었다. 지금의 건물은 1953년에 다시 창건되었다. 우리는 경내를 둘러보며 세조 때 세웠다는 7층 석탑을 비롯한 원통보전, 홍예문등을 보고 의상대에서 기념촬영을 한다.

관동팔경중 하나인 양양의 낙산사는 기암절벽과 바다가 절경을 이루고 있는 명승지 중 명승지이다. 관동팔경은 양양의 낙산사를 비롯하여 간성의 청간정, 강릉 경포대, 고성의 삼일포, 삼척의 죽서루, 울진의 망양정, 통천의 총석성 그리고 평해의 월송정이다. 북한 쪽에 위치한 고성의 삼일포와 통천의 총석정만 구경하면 관동팔경은 다 관광한 셈인데 두 곳은 언제쯤이나 볼 수 있을까?

척산 온천에 들려 주차장에 차를 세우고 아내가 정성껏 만들어온 찰밥을 김치와 먹으니 꿀맛이다. 금강산도 식후경이라고 바라보이는 설악의 모습은 더욱 아름답구나. 온천물에 몸을 담그니 선녀가 부럽지 않다. 미시령 고갯길에 펼쳐진 울산바위 모습은 10년 전 보다 더욱 웅장하게 자랐다.

단풍든 산마루는 새색시 볼처럼 울긋불긋 가을이라고 알려주니 사나이 마음도 가을이 돼 버린다. 아내는 행복하다는 표정을 지어 보이고, 나는 과연 남편노릇을 잘 하고 있는지 자신에게 물어보며 홍천, 양평을 지나 저녁노을을 벗삼아 귀경길을 재촉한다.

12. 백두산 천지 별 서리하러 갔다가

동방명주(東方明珠, Oriental Peals)호에 몸을 싣고

소풍날 받아놓은 초등학교 학생시절이나 중년의 지금이나 소풍이나 여행은 마냥 마음을 들뜨게 한다. 갑작스럽게 촉박한 여행일자가 목전에 잡히는 것보다 시간적 여유를 가지고 잡힌 여행일정은 몇 날을 두고 더 즐겁다. 여행일 5주 전에 여행사와 여행자료 등을 인터넷 서핑을 통하여 충분하게 검토 후 최종 예약을 끝냈다. 그리고 “아는 것만큼 느낀다.”는 명제처럼 시간 날 때마다 여행지의 자료들을 검토해 보는 재미 또한 쏠쏠하다.

여름의 끝물이 다 하기 전 8월24일 오후 6시 30분에 인천연안부두에 정박해 있던 동방명주 호는 안개 낀 서해를 항해하기 시작한다. 중국 화물선을 개조한 이 여객선은 11,000 톤급으로 500명의 정원을 싣고 갈매기들의 환송을 받으며 중국 단동을 향하여 그렇게 유유하게 인천항을 출발했다. 선상낙조를 즐기러 갑판으로 나간다. 안개로 자욱한 바다는 갈매기 떼만 간간이 보인다. 망망대해를 배 지나가는 자국을 남길 뿐 선상낙조는 안개 속으로 숨는다. 패키지여행이라 다인 실을 이용한 잠자리는 불편하기 짝이 없다. 오직 백두산 트레킹과 천지를 본다는 생각으로 불편함은 참을 만하다.

선실 안은 떠들썩하다. 백두산 트레킹과 고구려 유적지 답사팀이 어우러지고 남녀노소가 선실 이곳저곳에서 얘기꽃을 피우는 소리에 이른 잠을 청하기엔 너무 시끄럽다. 갑판을 몇 차례 나와 보지만 어둠을 가르며 망망대해를 항해하는 기관 소리만 귓전을 울린다. 어렴풋이 잠이 들다 깨보니 아직도 어둠 속이다.

15시간의 항해 끝에 단동 항에 도착한다. 관광객과 어울려 승선한 인천-단동간의 보따리 장사로 생계를 꾸려가는 수많은 조선족의 얼굴에서 궁핍을 읽는다. 마약만 빼고는 돈이 될만한 물건들을 가지고 단동과 인천으로 오가는 그네들의 삶의 무게를 잠깐 생각해 본다. 갑판 한 구석에 이동식 간이침대 하나에 지친 몸을 뉘고 담배연기를 깊숙이 들여 마시며 허공을 응시하던 그 지친 모습들이 눈에 아른거린다.

단동시내에서 점심을 들고 집안까지 5시간쯤 달리는 길은 압록강과 동행한다. 33인승 미니버스는 좌석 간격이 좁아 무릎 펴기가 불편하다. 차창에 비치는 북한의 산과 중국의 산들이 강 하나를 사이에 두고 풍경이 다르다. 북한의 산들은 거의 정상 부근까지 개간하여 민둥산이다.

6.25 때 폭격으로 끊어진 단동-신의주간 철교는 역사를 뒤로 한 채 새 철교와 함께 길을 잇고 있다. 가깝게 북한 땅이 조망되나 사람들의 자취는 눈에 띄질 않는다. 강 건넛마을에 연기도 나지 않는 공장 굴뚝이 휑하니 눈길을 사로잡는다. 착잡한 심정으로 그네들의 삶을 그려본다. 민둥산과 폐허나 다름없는 건물들의 모습들이 집안으로 가는 길 내내 길손의 마음을 심란하게 만든다.

단동이나 집안 역시 타임머신을 뒤로 돌려 우리나라 60년대 말의 풍경들을 만들어내고 있다. 가도 가도 옥수수 밭과 단층으로 된 허름한 농가 가옥들은 영락없는 우리네 60년대의 모습이다. 중국은 국토 면적이 남한의 98배나 되는 광활한 땅이다. 금년 2월에 상해와 소주, 항주 등을 여행했을 때의 중국 모습과는 부(富)의 차이가 크다. 다 쓰러져가는 가옥에도 부(富)와 복(福)을 기원하는 글씨들을 붙여놓고 기원하는 모습들이 아주 인상적이다.

어둠이 내릴 때쯤에서야 버스는 집안의 고구려 유적지인 광개토왕릉과 장수왕릉에 내려놓는다. 고구려의 늠름한 기상은 어디로 가고 왕릉엔 어둠만 내리는가. 고구려 최전성기인 5세기의 고구려 영토는 다 어디로 가고 쓸쓸하게 높이 6.39m의 광개토왕비만 비를 맞으며 길손을 맞이하는가. 그리 멀지 않은 곳

광개토대왕비

에 화강암으로 된 장수왕릉이 자리하고 있다. 기단의 길이 33m, 높이 13m 로 7단의 계단식 돌이 원형 그대로의 모습이 보존된 채 훼손된 아버지 능 곁을 지키고 있다. 압록강가 북한 식당에서 늦은 저녁식사를 하고 다시 2시간 반을 달려 통화에 있는 휘풍 호텔에 여장을 푼다.

꿈에 그리던 백두산(서쪽) 트레킹, 그러나 강풍과 폭우로 그만 포기하고

두 시간 쯤 눈을 붙였을까. 모닝콜에 깨어 새벽 3시에 통화를 출발하여 4시간 반 만에 무송을 거쳐 송강하를 지나 백두산 서파 산문에 들어선다. 차창 밖엔 여름비가 간간이 뿌린다. 아뿔싸! 서파 산문에 들어서니 폭우로 변한다. 백두산 산신령은 비,

바람 그리고 구름으로 천지조화(天地造化)를 부리며, 백두산 천지(天池)를 호령하고 계신다.

모든 자연 사물에 정령(精靈)이 깃들어 있다는 애니미즘(Animism)의 원시신앙을 굳이 거론하지 않더라도 필자는 시시각각으로 변화하는 대자연, 천지의 모습에 잠깐 넋을 잃고 경외심을 품는다. 그러나 경외심도 잠시, 원망하는 마음으로 돌변한다.

서파산문을 들어서서 천지가 열리도록 기도를 하며 빗속의 계단 길을 오른다. 5호 경계비에 서니 강풍을 동반한 비가 길손의 마음을 여지없이 갈기갈기 찢어 놓는다. 얼마나 꿈에 그리며 달려온 길인가. 여행가이드는 도저히 외륜 종주를 할 수 없다고 버틴다. 그러나 중국인 현지 가이드는 종주가 가능하다고 실오라기 같은 희망을 던진다. 그러나 우리측 가이드는 불가하다는 의견을 내 놓고 그야말로 절망의 순간들이 지나간다. 위험을 무릅쓰고 최종 종주 희망자 5인이 뭉쳐 막 길을 떠나려하는데 우리측 가이드가 중국인 가이드한테 "네가 이런 위험한 일기에 책임을 질 수 있느냐?" 고 강한 압박을 하니 중국인 가이드도 결국 한 발 뒤로 빼며 고개를 가로 젓는다. 아~ 종주의 꿈이 무너지는 순간이다.

15시간 배를 타고 13시간의 버스를 타고 오직 백두산 서파 종주 일념으로 달려온 이 길을 여기서 접어야 하는가. 혹자는 3대가 덕을 쌓아야 백두산 천지를 본다고 우스갯소리를 하지만, 하필 우리가 종주를 못 한다고 생각하니 입맛이 소태를 씹은 맛보다 더 쓰다. 20여 분의 실랑이 끝에 돌아서는 필자의 이 마음을 천지는 알까? 강풍 속에 내리는 비가 이렇게 얄미울 수가 없다. 산에 다니면서 맑은 날의 청산보다 운무에 쌓인 산을 더 좋아했던 필자는 그만 할 말을 잊고 야속한 마음으로 산길을 내려선다.

해발 1990m의 5호 경계비에 서서 백두 천지를 만나는 감흥이 철저하게 무너지는 순간이다. 이 마음을 어찌 필설로 다 표현하랴. 운무에 갇힌 하늘이 조금씩 열리는가 싶더니 천지의 운해는 강풍과 함께 잠시 천상으로 귀천하며 오직 비바람을 동반한다. 신비스런 검푸른 잉크 빛 천지의 속살을 드러내길 고대해 보지만 이내 구름안개는 귀천을 멈추고 천지를 구름바다 속으로 서둘러 밀어 넣는다. 보일 듯 말 듯 천지는 안개 속에 꽁꽁 숨어 그 모습을 내보이지 않고, 강한 비바람만 계속 토해낸다. 언제 운해속의 천지 모습이 드러날까 숨을 죽이며 한참을 기다려도, 천지는 숲 속에 잠든 요정처럼 깨어날 징후가 없다. 오직 강풍과 폭우만 계속될 뿐이다. 아~ 이럴 수가!

송강하에서 열차를 타고 이도백하로

주룩주룩 내리던 빗줄기가 서파산문을 내려서니 가늘어진다. 이따금 햇살을 내보이며 나그네를 약 올린다. 고산이라 일기가 변화무쌍하다. 한 시간만 서파 산문을 일찍 통과했던지 아니면 한 시간만 늦게 5호 경계비에 섰더라면 꿈에 그리던 백두산 외륜 종주는 가능했으리라. 우리에게 왜 천지는 문을 열지 않았을까 하고 원망해 보지만 이미 물 건너간 시간이다. 백두산 외륜 종주는 다음을 기약해 보지만 너무 멀고 험난한 고행길이다. 다음을 기약하면서도 마음은 용인을 하지 않는다.

송강하에서 이도백하로 열차를 탄다. 2시간 20여 분 동안 타고 가는 열차 속에서도 마음을 고쳐 잡을 수가 없다. 내일 북파에서 일행들을 따돌리고 역종주를 꿈꾸니 조금 마음이 한가로워진다. 열차 속엔 중국인들과 섞여 그네들의 문화를 조금 접할 수가 있었다. 열차 안은 마주보며 놓인 좌석이 한쪽에 6인 좌석이 다른 한쪽엔 4인석이 작은 탁자를 사이에 두고 배치되어 있는 게 특이하다. 아마 넓은 땅덩어리이기 때문에 장시간 탑승하며 음식을 들기 위해 그렇게 배치한 듯하다. 중국인들은 허름한 옷매무새도 보이지만 유행하는 옷으로 치장한 젊은 여인네들도 보인다. 그러나 하나같이 궁핍한 얼굴들은 감출 수가 없다.

북파 장백산호텔에 여장을 풀고, 장백폭포와 천지물가로

이도백하에 도착하니 아직도 빗줄기는 가늘지만 계속된다. 다시 버스로 장백산 호텔에 도착하여 짐을 풀고 지프로 천문봉을 향한다. 그러나 필자는 아내와 다른 두 사람과 한팀이 되어 천문봉을 버리고 내일 새벽에 오를 계획인 장백폭포와 천지 달문을 향한다. 어차피 천문봉에 올라가 보아도 천지를 내려다보기는 글렀다고 판단되어 밝은 날의 천지 물을 만져보고 싶었기 때문이다. 아울러 내일 새벽 일행들이 장백폭포를 갈 때 날이 좋으면 역종주를 하고 송강하에서 다시 합류할 요량으로 한 가닥 종주 희망을 버리지 못했다.

장백폭포

시간이 늦다고 장백폭포 입장 매표만 허락한다. 장엄한 폭포가 운무 속에 가렸다가 다시 그 위용을 나타낸다. 폭포 아래 도착하니 천지 오르는 계단 아래 매표소는 문을 닫고 관리인이 길을 막고 선다. 나는 손짓 몸짓으로 계단 상층부에서 장백폭포 사진 몇 컷을 찍고 내려오겠다고 겨우 허락을 얻어 계단 길을 오른다. 비는 계속해서 내리고 아내는 계단 길 오름에 힘들어하고 날은 어두워지기 시작한다.

아내를 긴 타월로 잡아끌며 계단 길을 쉬지 않고 오르니 숨이

턱에 찬다. 계단 길을 오르던 앞선 팀을 굴속에서 만나니 생각이 달라진다. 내친 김에 관리인과의 약속을 파기하고 천지물가로 내달릴 생각을 하고 더욱 힘을 내 계단 길을 오른다. 3분의 2쯤 계단 길을 올랐을까. 아내는 도저히 더 못 가겠다고 주저앉는다. 그럼 혼자 갔다 오마고하며 성큼성큼 오름길을 올라 천지 물가에 섰다.

아, 천지다! 한참을 서서 천지를 바라보는데 운무가 또 천지를 감춰버린다. 강풍이 분다. 천지 물가에 서서 다시 천지가 열리기를 기다린다. 자세를 낮추고 빗속에서 디카를 꺼내 보지만 이내 운무와 숨바꼭질을 한다. 10여 분 쯤 지났을까. 아내가 일행하고 '와! 천지다!' 하며 도착한다. 다시 10여 분간 천지의 변화무쌍한 모습을 지켜보며 기념사진 몇 컷을 찍는다. 일행 넷이서 어두워진 천지 길을 조심조심 랜턴에 의지하며 내려온다. 천문봉에 가지 않고 천지에 오길 잘 했다고 이구동성으로 위안을 삼으며 어두운 천지의 밤길을 내려와 식당에서 하산주를 들고 온천욕에 몸과 서운했던 마음을 씻고 잠자리에 든다.

백두산(2,744m, 북한 기록엔 2,750m)의 산 정상부에 함몰로 생긴 칼데라호(*분화구에 물이 괸 호소) 천지(天池)가 16개의 산봉우리의 호위를 받으며 비, 바람, 구름을 거느리며 자리하고 있다. 자연의 신이 빚은 우리에게 준 커다란 선물이다. 천지의 물은 달문이라는 화구벽을 통해 장백폭포를 이루며 쑹화강(松花江)으로 흘러간다. 천지는 동서길이가 3.51km, 남북으로 4.5km, 둘레가 14.4km이고 그 면적이 9.165 평방km라고 하니 여의도 면적(8.48 평방km)보다 조금 더 크다. 한라산의 백록담이 동서길이가 600m, 남북으로 500m, 둘레가 3km인 것에 비하면 그 크기가 5~6배 정도 되는 큰 규모다. 천지의 평균 수심도 213m(가장 깊은 곳은 384m)이고 총저수량도 3,866 입방미터라고 기록은 전한다. (출처:네이버 자료에서 발췌)

백두산 천지를 보고 난 후 필자가 본 것 중에서 자연의 신이 빚은 최고의 걸작품을 꼽으라면 주저 없이 '백두산 천지'를 그리고 인간이 만든 것 중엔 최고의 환경 걸작품인 뉴욕 맨하튼의 살아 숨 쉬는 허파 '센트럴 파크'를 으뜸으로 꼽고 싶다. 천지는 신비를 감춘 채 필자에게 절대자의 모습으로 다가온다. 센트럴 파크는 좁은 맨하튼의 지역에 주민과 환경 친화적으로 설계된 거대한 수림과 호수, 초원을 갖춘 100여만 평의 공원 환경은 도심 속의 밀림 걸작품임이 틀림없기 때문이다. "우와" 잠깐 나는 꿈을 꾸었던 걸까? 보일 듯 말 듯 보이지 않는 천지의 모습은 실오라기 하나 달랑 걸친 젊은 날의 첫사랑 여인의 모습을 훔쳐보는 것보다 더 짜릿한 감동으로 다가온다.

새벽 2시 모닝콜에 깨어보니 비는 주룩주룩 하염없이 내린다. 일행들은 장백폭포에 간다고 준비가 한창이고 필자는 역종주를 할까 말까를 고민하다가 빗속의 역종주가 무리일 거라는 생각으로 계획을 접기로 한다. 밖이 시끄러워 깨어보니 빗속에 장백폭포까지 갔다 온 일행들의 발걸음 소리에 잠을 깬다. 빗속에서 장백폭포만 보고 왔다는 말을 듣는다. 우린 어제 그래도 천지 물가에까지 가서 천지를 보았으니 서운한 감정이 좀

덜 든다.

아침식사를 하고 이도백하로 가서 다시 송강하 행 열차에 몸을 싣는다. 이젠 역순으로 단동으로 돌아가는 길이다. 가는 길에 여진족 민속촌마을에서 일박하고 단동의 호산장성을 오른다. 북한 마을이 한눈에 잡힌다. 일보하를 날머리로 해서 내려와 다시 일행은 압록강에서 유람선을 타고 끊어진 단동–신의주 철교까지 유람하며 북한 마을을 조망한다. 5박6일의 백두산 여행일정은 그렇게 휙 바람처럼 지나갔다. 단동 항에서 인천 가는 동방명주호에 지친 마음과 몸을 싣는다.